LA VIE APRÈS LA MORT

ÉTERNITÉ
ET IMMORTALITÉ

POUR PARAITRE TRÈS PROCHAINEMENT

APRÈS LA MORT
LETTRES DE L'ENFER
PAR
LOUIS ENAULT

HISTOIRE
DE
LA VIE APRÈS LA MORT
Croyances, Religions et Philosophies
PAR JULES BAISSAC

LA VIE APRÈS LA MORT

ÉTERNITÉ
ET
IMMORTALITÉ

Par JULES BAISSAC

PARIS
J. ROTHSCHILD, ÉDITEUR
13, RUE DES SAINTS-PÈRES, 13
—
1886
DROITS RÉSERVÉS

ERRATA

Page 12, ligne 3, *au lieu de :* fatales, *lisez :* fétales.
— 67, — 19, *au lieu de :* qu'ils tiendraient, *lisez :* ils tiendraient.
— 85, — 17, *une virgule après :* dans le grain de sable.
— 87, — 3, *au lieu de :* les Gnotiques, *lisez :* les Gnostiques.
— 214, — 23, *au lieu de :* ne manifesterait, *lisez :* se manifesterait.

TABLE DES MATIÈRES

Au Lecteur.

I. — Chant de la désespérance, de Leopardi : *A se stesso.* — L'Ecclésiaste : *Vanité des vanités, tout est vanité.* — Pour Leopardi, la mort une résorption dans la masse universelle; pour l'Ecclésiaste, le néant absolu. — Le Dieu de la Bible. — Le *Psaume de la vie*, de Longfellow. — La vie est une lutte. — De la téléologie au point de vue scientifique et philosophique. — Unité du point de départ de la vie. — Il n'existe rien qui n'ait été un *devenir*, rien qui vienne de rien. — La loi de causalité. — Pas de création dans le sens qu'on attache d'ordinaire à ce mot. — De l'énergie plasmatique des milieux. — De la part de l'individu dans leur transformation. — La vie se façonne à la forme de la pensée. — De la force; sa priorité de raison sur la matière. — Origine de l'idée. — Nature de l'innéité idéale. — Le développement du germe un développement d'idée. — Évolution de la force, d'où le développement de l'idée. — De la conscience. — Incompatible avec l'idée de principe virtuel de la vie avant tout devenu. — Qu'est-ce que Dieu, que peut-il être?.. .... Pages 1 — 31

II. — La création a-t-elle une fin qu'on puisse déterminer ? — Eurythmie et Idéal. — De la brutalité de la nature. — La concurrence vitale. — Le combat pour l'existence. — De la devise française : *Liberté, Egalité, Fraternité*. — L'application n'en est possible, dans son intégrité, qu'avec un but supérieur et dans de hautes régions transcendantales............... .... Pages 32 — 53

III. — De l'utilitarisme. — De la morale inductive et de la morale intuitive. — De la notion du juste. — Démocrite et l'Epicuréisme. — Qu'est-ce que le bonheur ? — Euthymie de Lucrèce. — Le bonheur de Tertullien. — Celui du Ciel, d'après saint Thomas. — Le *Devachan* du Bouddhisme ésotérique. — La béatitude céleste, d'après saint Anselme. — De la sympathie comme conséquence de la solidarité. — De l'amour du prochain. — De l'*agape* chrétienne et de la *maitri* bouddhique. — Le droit à l'existence comme droit de tout ce qui a vie. — Affirmé et contredit par la nature. — La justice une immanence du principe commun de la vie. — Le Sermon sur la Montagne. — De la haute valeur de la souffrance. — Les chances de bonheur ici-bas en raison inverse du travail et du mérite. — Le terme idéal de l'évolution dans un autre monde.... Pages 54 — 101

IV. — La vie est-elle une erreur, la mort seule une vérité? — L'Idéal n'est-il qu'une simple réflexion de la pensée humaine? — Une définition du docteur Béclard. — Du fond et de la forme. — Une définition d'Ammonius, d'après Plutarque. — Deux parts dans toute individualité : l'essence et l'existence. — L'immortalité n'est que la forme de la pérennité. — Du symbole messianique. — Le mythe d'Hercule. — Le sacrifice de Decius Mus. — La tentation de Jésus dans le désert. — L'idée du Messie d'après Isaïe. — La douleur une condition de progrès; le pessimisme la base de l'optimisme final.................. Pages 102 — 141

V. — Ce que Kant conclut de la réalité du monde transcendantal. — De la double vie en l'homme : vie des sens et vie intérieure. — La mort et le sommeil. — De la veille intérieure durant le repos des sens. — L'état somnambulique. — Le *cerebrum abdominale* des Mystiques, ou repli de la sensation du cerveau pendant le sommeil. — De l'interversion des sens. — De l'anesthésie. — Les convulsionnaires du cimetière Saint-Médard et les trembleurs des Cévennes. — De la suggestion. — De la télépathie. — De la télergie. — Pré-sensation et prescience. — De la mantique. — Des rêves. — Réalité de la vie métaphysique..................... Pages 142 — 223

CONCLUSION. — La création une variation de forme d'un fond éternel. — De l'immortalité spécifique. — De l'immortalité personnelle par l'union du *moi* au principe éternel qui est en lui. — Qu'est-ce donc que la mort et qu'est-ce que la vie hypostasiée après elle? — L'Absolu une donnée nécessaire de la conscience. — Dieu...... Pages 225 — 245

AU LECTEUR

Par une après-midi de juillet, épaisse et orageuse, je contemplais, un jour, de la terrasse d'un cinquième étage, par-dessus les toits et la forêt de cheminées de Paris, un combat de nuages noirs. Il y en avait de toutes les formes, chevauchant les uns sur les autres, semblables aux Titans de la Fable voulant escalader le ciel : on eût dit que, comme eux, ils s'en disputaient la conquête. Tous étaient laids ou le devenaient à mesure qu'ils se déformaient dans la lutte qu'ils se livraient entre eux. Cette lutte était horrible à voir : silencieuse et morne, elle n'en paraissait pas moins acharnée. De temps en temps, un grondement sourd et prolongé, tantôt d'un côté, tantôt de l'autre, venait en assombrir le tableau. Vers le soir, le vent se leva, ce vent du sud, lourd et terre à terre, que le Psalmiste qualifie de « démon du midi », et tout se dissipa en une fumée où bientôt on ne distingua plus rien. « Voilà, me dis-je, l'image de la vie : bataille froide, à armes blanches, fines, polies, mais aiguisées; ou bruyante, à coups de tonnerre; puis, la bataille terminée, rien, plus rien. » Cependant, au delà, dans d'incommensurables profondeurs, qu'on entrevoyait par moments à travers les longues déchirures de ces mêmes nuages, planait un azur infini, majestueux et calme, où, quand vint la nuit et que le ciel se fut rasséréné, éclatèrent sans bruit, d'un bout à l'autre de l'horizon, les feux étincelants d'innombrables étoiles. « Là, pensai-je, dans le rayonnement sans limites de l'éternelle vie, devait être la paix sereine, cette *placida pax* que Lucrèce rêvait au sein de la nuit sombre, des ténèbres et de la mort; là, dans cet immense réservoir, non pas l'abîme où se noie la pensée, — *dove s'annega il pensier mio*, — comme l'a cru Léopardi, mais son élargissement sans fin; non le naufrage de l'âme, mais, comme les symboles l'ont laissé entendre des Messies, sa transfiguration et son triomphe, ou, du moins, le triomphe et la glorification en l'Eternel de qui aura travaillé et lutté. »

———

Un certain nombre de termes spéciaux ont été employés en un sens qui, bien que n'étant pas exclu-

sivement propre à mon travail, pourrait prêter à équivoque. Je dois donc les expliquer.

Il y a d'abord les mots d'hypostase et d'hypostasier, qui reviennent fréquemment. D'après l'étymologie, l'hypostase devrait répondre au latin sub-stantia et au français substance. Ce n'est pas, néanmoins, dans cette acception que je l'entends, mais dans le sens d'une union de la forme avec l'essence, sens que le mot a aussi en grec et que lui donnaient les Pères de l'Église. Dans la langue ecclésiastique, il est employé pour désigner la personnalité distincte du Père, du Fils et du Saint-Esprit. Il est opposé à l'ousia, qui désigne la substance ou nature commune aux trois personnes divines. Quoique mon argumentation ne soit pas du tout celle des Pères et que la Trinité n'y entre pour rien, le terme d'hypostase, dans le sens qu'ils lui donnent, par suite de l'union que je viens de dire et qu'il implique dans mon raisonnement, m'a paru mieux rendre ma pensée que celui de personne, beaucoup trop vague ; c'est pourquoi je le leur ai emprunté. Le verbe hypostasier, que j'en dérive, devra donc s'entendre de l'impression de la marque personnelle sur la substance commune.

Un autre mot dont j'ai fait usage en un sens tout particulier est celui de prosopopée. Je sais qu'il n'est guère employé dans notre langue que pour désigner la figure de pensée par laquelle on transforme un objet quelconque en un être animé, que l'on personnifie et auquel on s'adresse comme à une personne. Dans mon livre, la prosopopée *est aussi une transformation, mais non pas seulement figurée; c'est d'une assimilation de l'objet au sujet qu'il affecte, de sa transformation personnifiée, que je l'entends. C'est à peu près le sens que le mot a en grec, où il implique l'idée d'un revêtement de forme à contours et traits définis. Dans cette donnée, je l'ai cru préférable à* personnification, *qui n'eût pas rendu toute ma pensée.*

Encore un terme que j'ai cru devoir m'approprier: diacosmos. *Il ne signifie pas seulement un ordre, un arrangement quelconque, mais un ordre immanent développé de lui-même. En se reportant à l'endroit où il se trouve employé, page* 120, *on comprendra pourquoi, le français ne me fournissant pas le mot qu'il m'eût fallu, j'ai eu recours à la source intarissable où la science puise tous les jours.*

Quant aux autres termes scientifiques dont j'ai fait usage, comme ils sont reçus partout et que, d'ailleurs, le sens en découle tout naturellement du contexte, je ne crois pas qu'ils aient besoin d'explication.

En terminant, je dirai que mon intention avait d'abord été d'ajouter à mon livre un chapitre sur l'extase, comme complément d'argumentation; mais le sujet est si vaste, que j'eusse dépassé, en le traitant, les limites que je m'étais tracées, et que j'ai dû le réserver pour un travail à part.

ÉTERNITÉ & IMMORTALITÉ

I

L'épuisement de ses forces, au cours d'une vie de souffrances, arrachait à Leopardi ces douloureux cris de désespoir :

« Tu vas te reposer pour toujours, ô mon cœur
» fatigué. Elle a sombré, l'illusion extrême où je me
» voyais éternel. Elle a péri; je le sens, avec l'es-
» pérance de ces chers artifices, en moi s'est éteint
» le désir. Repose-toi pour toujours. Tu as assez
» palpité. Rien ne mérite tes battements; la terre
» n'est pas digne de soupirs. Amertume et tristesse,
» telle est la vie, rien de plus; le monde est une
» fange. Cesse pour la dernière fois d'espérer. A
» notre race le destin n'a donné que de mourir. Va

» donc, dédaigne-toi, dédaigne la puissance brutale
» qui, dans l'ombre, règne pour le mal général,
» et l'infinie vanité de tout (1). »

Bien des siècles avant le poëte italien, une voix réputée sainte, celle de l'Ecclésiaste, avait lancé ces paroles, que l'Église chrétienne n'a pas craint de recueillir et qu'elle a consacrées de son autorité :

« En considérant toutes les œuvres que ma main
» a faites, le labeur que j'ai eu, j'ai vu que tout était
» vanité, peine stérile ; qu'il n'y avait rien de plus sous
» le soleil... J'ai dit en mon cœur : S'il en est du
» fou comme du sage, à quoi bon la sagesse ?...
» Comment le sage meurt-il ? Comme le fou. Il ne
» reste pas plus de traces de l'un que de l'autre.
» C'est pourquoi j'ai été las de vivre, voyant tout
» mauvais, tout vanité et oppression de l'âme... J'ai
» vu que le prix n'est point pour celui qui l'emporte
» à la course, ni le fruit de la guerre pour les vail-
» lants, ni le pain pour les plus sages, ni les riches-
» ses pour les plus intelligents, ni la faveur pour les
» meilleurs ouvriers ; que, en toutes choses, ce sont
» les circonstances et le hasard qui opèrent... C'est
» pourquoi j'ai pris en dégoût tout mon travail. »

(1) A se stesso

Leopardi, pour qui la vie n'avait aucun charme, n'aspirait qu'au naufrage dans l'immense océan de l'infini :

> .... *Cosi tra questa*
> *Immensità s'annega il pensier mio,*
> *E il naufragar m'è dolce in questo mare.*

Pour le poète italien, la délivrance n'était pas tout à fait, ce semble, une exhalation dans le néant; c'était plutôt la disparition de l'individu dans la vie universelle, une sorte de résorption de la molécule par la grande masse du fluide nourricier, ce qu'est peut-être, au fond, le brahmanisme hindou, védanta ou sankhya. L'Ecclésiaste, lui, n'a pas de ces aspirations ; il sait qu'il mourra tout entier, et que ce ne sera pas en son Dieu qu'il ira revivre de la vie générale. A la mort, tout se dissout, tout expire, tout finit ; seul, Dieu reste ce qu'il est, ce qu'il a toujours été, pas plus rempli de lui-même après qu'avant sa création, aussi dédaigneux et oublieux de son œuvre que si elle n'eût jamais existé. Le vrai néant, le voilà ; c'est à l'Ecclésiaste qu'on en doit la formule. Aussi estime-t-il que la véritable sagesse consiste à accommoder sa vie à son inflexible destinée. Ne pouvant rien à rien, n'est-ce pas folie que de se tourmenter ?

Puisque l'homme ne retire aucun avantage certain ici-bas et qu'il ne doit rien lui revenir dans un autre monde de tout le mal qu'il se donne, « ne vaut-il pas » mieux manger et boire, faire du bien à son âme de » ce qu'on a amassé et qui, d'ailleurs, comme tout » le reste, vient de la main de Dieu ?... Jouissons » donc des biens au jour heureux et tenons-nous » prêts pour le mauvais jour, car Dieu a fait l'un » comme l'autre, sans que l'homme ait un juste » sujet de se plaindre de lui ! »

Un Dieu comme celui-là ne pouvait inspirer l'amour ; entre lui et le Diable, auteur du mal, étranger, du reste, à l'orthodoxie rigoureuse des doctrines bibliques, on ne voit guère la différence qui eût pu être établie. Aussi l'Ecclésiaste se contente-t-il de recommander de le craindre, puisqu'il peut tout et que, « bien que toutes choses arrivent également au » juste et à l'injuste, au bon et au méchant, au pur » et à l'impur, à celui qui immole des victimes et à » celui qui méprise les sacrifices ; que l'innocent » soit traité comme le coupable, le parjure comme » celui qui est sincère ; que, nos œuvres étant dans » la main de Dieu, l'homme ignore s'il est digne » d'amour ou de haine, » la prudence, néanmoins, nous conseille de respecter et d'observer ses commandements : *Deum time et mandata ejus observa, hoc est enim omnis homo.* C'est plus encore, au bout du compte, un dieu mauvais qu'un dieu bon, quelque chose d'assez semblable à ces divinités méchantes pour lesquelles les sauvages réservent tout leur culte. Dans un récent ouvrage de démonologie (1), M. Moncure Conway parle d'une dame anglaise qui disait un jour à une amie de l'auteur, mère comme elle : « Apprenez-vous à vos enfants à saluer toutes les fois qu'on prononce le nom du Diable ? Les miens n'y manquent jamais ; j'estime que c'est plus sûr : *I think it is safer !* » N'est-ce pas là toute la sagesse de l'Ecclésiaste ? Celui-ci, du reste, était bien dans la tradition juive ; car il savait que, si Jehovah a fait le bien, il a fait aussi le mal, ainsi que s'exprime le prophète Isaïe (2), et il raisonnait, à ce point de vue, d'une manière très logique en faisant une loi de prudence de la crainte d'un être à la fois agathodémon et cacodémon, c'est-à-dire dieu et diable, qui, étant tout puissant, ne mesure point ses faveurs au mérite et ne doit de compte à personne.

(1) *Demonology and Devil Lore*, 1879, t. II, p. 13.
(2) XLV, 7.

Voici, maintenant, « ce que le cœur du jeune homme a dit au Psalmiste. » C'est au *Psaume de la vie* de Longfellow que je le prends (1) :

» Ne me dis pas, en notes lugubres, que la vie n'est qu'un rêve; que l'âme est morte, qui sommeille, et que les choses ne sont pas ce qu'elles semblent être.

» La vie est réelle ! La vie est sérieuse ! *Tu es poussière et tu retourneras en poussière* n'a pas été dit de l'âme.

» Ni la jouissance ni la douleur ne sont la fin qui nous est destinée, le but où nous devons tendre; mais agir, pour que chaque lendemain nous trouve plus avancés que la veille.

» Le labeur est long, et le temps passe vite; et nos cœurs, quoique robustes et braves, n'en vont pas moins, comme des tambours crêpés, battant des marches funèbres vers le tombeau.

» Dans le vaste champ de bataille du monde, dans le bivouac de la vie, ne sois pas comme un bétail muet que l'on mène paître ! Sois un héros dans la lutte !

---

(1) *A Psalm of Life. What the heart of the young man said to the psalmist.*

» Ne compte pas sur l'avenir, quelque brillant qu'il te paraisse! Laisse le passé mort enterrer ses morts! Travaille, travaille dans le présent qui vit! Le cœur à l'œuvre, et Dieu au-dessus de nos têtes!

» Les vies des grands hommes nous rappellent toutes que nous pouvons faire la nôtre grande, et, en partant, laisser derrière nous des traces sur le sable du temps;

» Des traces qu'un autre, un frère naufragé et perdu dans la pleine mer de la vie, rencontrera peut-être et dont elles relèveront le courage.

» En avant donc et à l'œuvre, avec un cœur prêt à tout ce que le sort voudra; toujours achevant, toujours poursuivant, apprenons à travailler et à attendre. »

Elles ont dit vrai, ces voix de poète: la vie, c'est la lutte, par conséquent l'effort, la souffrance, et, pour l'homme en particulier, la douleur. Et si le résultat de cette lutte est tout ce que nous le voyons, sans rapport ni avec le travail ni avec le mérite, qui, rationnellement, devrait y être subordonné, la vie n'est qu'un leurre odieux pour l'immense majorité des âmes en qui elle se réfléchit. Dans les trois voix que nous venons d'entendre, il semble pourtant qu'il y en ait une qui résonne mieux que les deux autres à l'unisson de la conscience humaine; qui en soit l'écho bien plus véritablement que les deux autres, un écho en même temps de l'éternelle harmonie qui vibre en nous et en toutes choses. Quelle est donc, de ces trois voix, celle qui s'accorde le mieux avec le diapason de la loi des mondes ?

Au point où en est aujourd'hui la science, avec ce que nous connaissons du mouvement de la nature, il serait difficile de maintenir plus longtemps le droit de l'ancienne téléologie ou des causes finales à une déférence rigoureuse de la raison. Il n'y a pas d'harmonie préétablie, il n'y a pas de gouvernement de la création dans le sens providentiel comme on l'entend d'ordinaire ; mais il y a un effort constant de l'ensemble universel vers l'amélioration, effort que nous devons croire déterminé par un idéal, sinon absolu, du moins évolutionnel et progressif, simple impulsus à l'origine. C'est dans ce sens que Longfellow peut avoir raison et a raison, selon nous, contre la théorie du néant, que ce soit le néant de Leopardi ou celui de l'Ecclésiaste : là, en effet, dans ce mobile déterminatif de la volonté et de l'action, est la seule raison imaginable de la vie, le seul motif qui explique l'attachement qui y retient toutes les divisions de l'être, depuis le protoplasme et la cellule jusqu'aux masses plus compactes des unités animales subséquentes résultant de l'évolution.

Constatons d'abord l'inanité de l'idée téléologique.

J'ai formulé, dans un autre livre, contre cette doctrine, entre autres objections, la suivante, à laquelle il ne me paraît pas qu'il puisse être répondu : « Un des griefs les plus graves de la raison contre l'idée du principe providentiel, un grief irrémissible, ai-je dit, c'est celui qui se déduit de la cause la plus fréquente du mal moral en ce monde. Que la misère, qui est déjà elle-même un mal si grand, plus souvent subi que mérité, déprave le malheureux damné qu'elle étreint, vicie sa nature et inocule dans son sang un virus héréditaire qui perpétue la corruption dans sa descendance ; que, par contre, le puissant sans entrailles ou le scélérat élégant, que le crime ou les exploitations dont ce même damné peut avoir été victime ont élevé en dignité, que cet homme puisse devenir, comme le sont devenus tant de vainqueurs heureux et de spoliateurs des faibles, un chef de lignée bénie, un germe de haute et grasse distinction, c'est ce que l'esprit saint qui réside en tout honnête homme ne pourra jamais associer à l'idée de Providence et de Volonté souveraine dans le tout-puissant Père éternel. C'est assez qu'une fatalité impitoyable entretienne dans le monde, souvent à la faveur de préjugés sociaux qu'elle a elle-même inspirés, cette abominable loi, contre laquelle proteste toute conscience et finiront bien par prévaloir à la longue les soulèvements indignés de l'esprit de justice en nous; c'est assez, dis-je, de cette fatalité, sans que nous fassions intervenir, pour sa consécration et le découragement de nos efforts, une volonté providentielle. On ne comprendra jamais, d'ailleurs, que la faiblesse native, la pauvreté constitutionnelle, le rachitisme de l'enfant, qui, par l'effet d'une réaction naturelle d'un autre ordre, sont pour les parents un motif de préférence compensatoire, devienne pour ce prétendu père un motif, au contraire, d'éternelle réprobation. Qu'on explique ces horreurs par la loi de la sélection naturelle, ce sera fondé; mais que, au lieu de faire dépendre cette loi de la fatalité évolutionnelle, on en fasse, sous le nom de grâce efficace et de prédestination, une mesure policière de volonté libre, et que cette mesure ose même vouloir s'imposer à mon respect comme acte de souveraine bonté paternelle, c'est ce

que ma religion repousse de toutes ses forces. A
ce compte, en effet, Dieu serait le mal, le Diable
et Lui ne feraient qu'un ; il serait à lui-même son
propre Satan et le Satan de sa création (1). »

A un autre point de vue encore, — au point de
vue purement scientifique, — la téléologie providentielle n'est pas plus soutenable. Il ressort, en effet,
de l'étude de la nature que, à quelque moment de
son évolution qu'on la prenne, pour si haut que l'on
remonte dans les premières manifestations du mouvement général, c'est toujours en présence d'un état
réductible en quelque chose de plus simple qu'on se
trouve, c'est-à-dire qu'on ne voit nulle part de place
à donner à l'hypothèse d'une création d'une seule
pièce. Une gradation continue, progressant par enchaînement de formes de plus en plus parfaites, a
été constatée dans tous les organismes. On a reconnu
que les mammifères et les oiseaux, par exemple,
avaient été transformés par changements lents de
reptiles, comme ceux-ci l'avaient été d'invertébrés ;
que l'apparition des premiers répondait à un degré
avancé de l'évolution de l'ensemble, à une époque
tertiaire, et celle des autres à un état général plus

(1) Voir mon *Histoire de la Diablerie chrétienne, Introduction.*

rudimentaire, les reptiles à une seconde étape et les invertébrés à un âge primaire : l'embryogénie a fait retrouver dans les transformations fatales les traces de ces états successifs, et la paléontologie, confirmant ses inductions, a mis en évidence ce grand fait, à savoir que les formes aujourd'hui les plus dissemblables se rapprochent à mesure qu'elles s'enfoncent davantage dans les couches géologiques où l'on peut en suivre la trace, ce qui, en attendant la démonstration scientifique, n'autorise d'autre hypothèse que celle d'un point de départ originel commun ou *monon* principiel. Il n'y a pas, en effet, jusqu'à l'élément protoplasmatique des êtres vivants, la cellule microscopique, ovule ou germe, qui ne doive être tenu pour une transformation ayant sa base dans un ordre naturel moins développé encore. Il n'a rien existé qui n'ait été un *devenir* et ne se soit effectivement développé d'autre chose; rien, par conséquent, qui ait été créé de rien. Comme, d'autre part, toute vie est formée dans ce qu'elle devient par le passage d'un état à un autre; que l'état présent n'a pu se produire que comme conséquence d'un état antérieur et dans le moment amené par l'évolution, la loi de causalité n'est qu'une loi de changement et de progrès conditionnel : « Dans le monde, tel que la science le connait, dit Claude Bernard, rien ne se crée, rien ne se perd; il n'y a que des échanges et des transformations de matières et de forces qui se succèdent et s'équivalent d'une manière nécessaire et constante dans l'apparition des phénomènes de la nature (1). » De même, donc, que la création, dans le sens où on l'entend en théologie, ne s'explique pas naturellement; que la donnée en est formellement contredite par la loi et le processus évolutionnel des éléments plasmatiques, de même le développement de la vie suivant une harmonie préétablie de toute éternité, et le gouvernement du monde d'après un plan qui, de la part d'une Providence, devrait dès lors impliquer la prédestination et, par conséquent, quoi qu'on en puisse dire, la négation de toute liberté quelconque, individuelle comme d'ensemble, ne se peuvent-ils soutenir scientifiquement.

S'il est vrai que les phénomènes, de quelque ordre qu'ils soient, existent virtuellement dans les lois immuables de la nature et qu'ils ne se manifestent que lorsque leurs conditions d'existence sont réalisées, il ne l'est pas moins qu'ils ne se manifes-

(1) *La Science expérimentale*, Problème de la physiologie générale.

tent non plus que conformément à ces conditions. Il suit de là que la forme en est variable avec les milieux qui les déterminent, et que ce qu'on appelle création n'est bien, en effet, qu'une simple production de rapports différents. Or, ces rapports n'ayant rien d'absolu, on peut parfaitement concevoir, comme résultant des mêmes lois éternelles, des modes tout autres que ceux qui existent, d'où il y a lieu d'inférer que, puisque les milieux et, par conséquent, les éléments essentiels de déterminisme se modifient réciproquement, les formes de l'avenir n'ont pas de contours qu'on puisse rigoureusement préciser d'avance. Le *monon*, que la logique du principe de réductibilité du composé au plus simple, qui est à la base de toute évolution, induit à poser comme dernier terme conceptible de notre analyse et point de départ du développement général, ne s'est point irradié de lui-même en gerbes éparses sans cohésion entre elles; sa phénoménalité, en d'autres termes, ne s'est point produite par irruption brusque et soudaine, c'est-à-dire que ce qu'on appelle la création, ramené par la réduction analytique à cette unité primitive de substance, n'en est pas un fractionnement dans le sens d'une séparation de parties abstractivement accusées en elle : ce serait revenir par une voie détournée à l'harmonie préétablie que de le supposer, et nous venons de constater que cette hypothèse est contredite par la nature du processus évolutionnel. Puisqu'il résulte des données observées de ce processus que la réaction est seule déterminative des formes, on doit en conclure que, avant cette réaction, toutes les formes étaient éventuellement dans le *monon*, et qu'il n'eût pu être dit de rien de virtuel en lui

S'il serait dieu, table ou cuvette.

De l'énergie plasmatique des milieux il ressort encore que, quelque faible qu'on suppose la part de l'individu dans l'œuvre de transformation graduelle des conditions générales de la vie, elle n'en est pas moins réelle; qu'elle y entre effectivement pour quelque chose, comme tout autre élément de réaction, et que, par conséquent, la connaissance, l'éducation, tout ce qui tend à rectifier les mouvements de la volonté n'est pas aussi vain que le prétend une certaine école; que la fatalité, en un mot, n'existe que dans l'énergie de lois dont nous pouvons, pour une part, modérer, diriger même et moraliser le travail. Il n'y a pas, je le reconnais, de liberté abso=

lue dans les manifestations de la nature, de quelque différenciation individuelle ou particulière qu'il s'agisse. Nous ne sommes nous-mêmes, comme le sont les moindres de ces manifestations, que de simples cellules d'un grand organisme, des parties d'un tout à l'empire duquel il ne nous est pas plus permis de nous soustraire qu'il ne l'est à la planète de ne pas tourner autour du soleil, au soleil de renoncer à sa puissance d'attraction. Mais si notre bras, comme notre esprit, ne peut rien contre les lois naturelles, l'expérience et l'étude, en nous initiant à leurs secrets, développent en nous une force de réaction capable de les plier plus ou moins à des fins voulues. Elles nous mettent à même de changer la direction évolutive de la matière organisée et, par conséquent, son expression organique, sa forme : les résultats obtenus par la chimie sont là pour le démontrer. Il n'est donc plus permis de contester à la conscience une vertu plastique effective pouvant déterminer, dans une mesure analogue, le caractère de tous agglomérats différentiels. La même vertu, qui, dans le domaine de la physiologie, peut faire apparaître des formes organisées nouvelles, bien qu'existant virtuellement dans les lois organogénétiques, produit, dans les domaines de l'art et de la morale, la transformation des éléments bruts en concepts et en faits idéaux, d'un acte animal en un acte humain. On peut donc poser hardiment ce principe, en ce qui concerne l'espèce animale consciente : La vie se façonne à la forme de la pensée.

Nous devons bien admettre que, puisque la pensée est développée, elle est aussi devenue comme le reste, et qu'elle a suivi le mouvement évolutionnel des éléments dont elle se compose. L'idée ne saurait donc être tenue que pour une évolution de la force inhérente à toute matière. Mais il n'en est pas moins certain que cette force, impulsus aveugle, a sur la matière qu'elle meut ou qui se meut par elle une priorité de raison et que, d'ébauche en ébauche, elle est arrivée à se dégager comme énergie plastique indépendante, pour s'élever, à travers une série de transformations successives, au rang suprême d'idée maîtresse, puis de pensée souveraine.

Dans l'état actuel de l'évolution générale de la nature, au point où elle en est arrivée, il serait difficile de refuser à l'idée cette énergie. Nous constatons, en effet, dans le travail de la force, une sorte de plan qui, tout subordonné qu'il est pour sa réalisation aux conditions de milieu, suppose une volonté, par conséquent une détermination : « Quand on ob-

» serve l'évolution ou la création d'un être vivant
» dans l'œuf, dit Claude Bernard (1), on voit claire-
» ment que son organisation est la conséquence
» d'une loi organogénétique qui préexiste d'après
» une idée préconçue et qui s'est transmise par tra-
» dition organique d'un être à l'autre. » Cette idée,
que le grand physiologiste qualifie de préconçue et
que l'on doit, tout au moins, considérer comme évoluée d'une force naturelle, je l'appellerai, moi, d'un
autre nom; je l'appellerai *innée*. Mais entendons-
nous bien. Depuis Platon et son école, les philosophes spiritualistes ont généralement admis qu'il
existait des formes de vérité éternelles, immuables,
nécessaires, indépendantes de l'entendement humain
et résidant essentiellement en Dieu, de qui notre
esprit les tient directement. Ce n'est pas de ces
formes, qui ne sont, au fond, que les éléments
mêmes de l'harmonie préétablie et de l'hypothèse
de création aujourd'hui ruinée par la science, que
je puis vouloir parler. J'appelle innée toute morphologie héréditaire, aussi bien celle de la pensée que
la morphologie anatomique, qui, du reste, y est
solidairement liée, et c'est dans ce sens que, l'idée

(1) *La Science expérimentale*, p. 134.

représentant un degré d'évolution de la force, je la qualifie de créatrice à l'égal de celle-ci et dans le sens rigoureux du mot; nous pouvons constater, en effet, que, au degré qu'elle a atteint dans l'enchaînement des innéités, elle plie les conditions de déterminisme physico-chimique, conséquemment la matière, à son impulsus plasmateur. J'ai là deux vases d'une même terre; dans l'un, je dépose un imperceptible germe qui sera le poison; dans l'autre, un germe qui sera le contre-poison. Nourris des mêmes sucs, du même air, de la même eau, ils se développent et croissent, l'un faisant du poison de ce que l'autre, de son côté, fait du contre-poison. Si l'on ne peut admettre que des sucs nutritifs identiques soient à la ois ce qu'ils sont et ce qu'ils ne sont point, on ne peut admettre non plus que, dans ce travail d'évolution, ils aient été conformés à autre chose qu'à une idée, non pas à une idée préconçue, selon l'expression impropre, ce me semble, de Claude Bernard, mais à une innéité idéale développée d'une force plastique plus générale. La même substance pouvant être informée en une infinie variété de contraires, on ne saurait prétendre que ce soit la seule matière qui produise d'elle-même ses propres manifestations; ce serait, comme on le doit induire de l'exemple ci-dessus, affirmer l'identité du pour et du contre, de la vie et de la mort, ensemble dans un seul et même moment. Et il n'y a pas à dire, en arguant du résultat des combinaisons chimiques et de ce que « les forces mécaniques, physiques et autres sont les seuls agents effectifs de l'organisme vivant », que la virtualité des manifestations soit un germe matériel, contenu dans la matière comme exclusivement tel; car, en admettant que la virtualité, même dans la matière, ait été originairement une et que les contraires qu'elle manifeste n'en soient que des divisions évoluées, les lois d'après lesquelles se fait l'évolution n'en impliquent pas moins la nécessité de l'impulsus idéal comme raison première, sinon comme déterminatif immédiat de ces divisions.

Il paraît évident, d'après cela, que ce qui se développe du germe, ce n'est pas le germe en tant que substance matérielle, mais en tant qu'idée. Nous venons de constater, en effet, que les éléments bruts de ce développement ne sont pas dans le germe lui-même; qu'ils sont pris d'ailleurs, s'y sont assimilés, après avoir perdu leur caractère propre d'évolution, se transformant, par conséquent, non plus en vertu d'une force évolutive matérielle seulement, mais par l'effet d'une pénétration idéale. Le devenu n'étant ni la seule substance développée du germe, qui n'y figure même que pour une part infinitésimale, ni la seule substance propre de ses éléments variés de nutrition, il ne semble pas qu'on puisse en attribuer la phénoménalité à un autre principe qu'à l'énergie plasmatique de l'idée qui s'y manifeste. Tout est dans tout, a-t-il été dit souvent. Rien de plus vrai. Mais tout ne peut être dans tout qu'idéalement, sans quoi il faudrait admettre que les contraires sont choses identiques de fait, ce qui reviendrait à dire qu'il n'existe rien : *discrepantiâ dissolvuntur omnia*. Nous savons que, si un germe quelconque se développait librement, sans être arrêté dans son évolution, il pourrait, dans plus ou moins de temps, convertir en sa substance toute la masse de matière de notre planète ; on estime qu'il faudrait à peine quelques années à un seul œuf de hareng ou de morue pour faire de la terre entière un immense banc de l'un ou l'autre de ces poissons. La matière n'a donc pas de forme dont elle dispose et qui lui appartienne en propre. Concluons de là que le germe et l'œuf ne sont que des conditions de manifestation et que, dans leur cours évolutif, ce qui se développe est bien une virtualité idéale.

Qu'est-ce donc que l'idée ? Si nous devions entendre

uniquement par le mot ce qu'en implique l'étymologie, à savoir l'image ou la notion que l'esprit se forme d'une chose, il est bien évident que l'idée ne serait rien de principiel. Subordonnée, aussi bien comme réfraction spectrale que comme conception abstraite d'un concret plus ou moins quintessencié, à l'action de son objet sur l'esprit, elle ne pourrait pas prétendre à une dignité plus élevée que celle de simple sensation transformée. C'est de l'idée ainsi comprise qu'on a pu dire avec raison qu'il n'y a rien dans l'intellect qui n'ait d'abord été dans les sens : *nihil est in intellectu quod priùs non fuerit in sensu*. Qu'on écarte donc l'impression des objets, et il n'y a plus rien de conceptible dans la forme que nous disons. Si, au degré qu'a atteint l'évolution du monde, c'est bien de cette façon que l'idée se présente, on ne peut la tenir, dans cet état de pur élément de la pensée, que pour quelque chose de devenu. Comme image ou notion des choses, suivant son étymologie, l'idée est un fait défini, qui n'existe, conséquemment, qu'en vertu d'un déterminisme dont la formule nous est connue, ayant ses conditions de phénoménalité déterminées. Mais ce n'est pas tout ce que j'entends, tout ce que je puis vouloir dire quand je qualifie d'idée le principe de développement du germe vital. Ici il ne saurait s'agir de représentation objective dans l'esprit du sujet. Amené par une opération réductive de ma pensée en amont du devenu devant un état conceptible de la nature où le sujet et l'objet sont identiques, la matière, comme l'esprit, échappant à toute aperception possible, je me suis posé cette question : Qu'est-ce donc qui a fait éclater au jour la division qui, opposant à elle-même et en elle l'unique substance originelle, y a produit ou développé un antagonisme de formes et déterminé de la sorte l'évolution à la fois spirituelle et matérielle dans laquelle le monde se trouve pris ? Cette division ne pouvant résulter que d'une force, la force, abstraction faite de la matière comme de l'esprit, l'un et l'autre indistinctement compris et sans caractère propre dans le *monon*, est logiquement première, et je conclus ainsi : La création est un mode de la force ! Je ne prétends pas qu'il puisse y avoir de force conceptible sans matière réelle; mais, puisque la matière n'est pas elle-même conceptible sans la force, qui en est plus que le lien, le déterminatif, dire, comme le font les matérialistes, que, ne nous étant connue que par le mouvement, elle n'est rien qu'un état de la matière, ce n'est pas seulement porter ce qu'on appelle en droit un jugement interlocutoire, c'est nier le monisme et affirmer bel et bien le dualisme de principe contre lequel ils sont les premiers à élever la voix. La force écartée, la matière n'est plus même conceptible ; supprimez la matière, la force ne se conçoit pas mieux. Mais dans l'état où nous percevons le mouvement, c'est, nous le répétons, la force qui est déterminative, et cela suffit pour que nous soyons autorisé à faire de la matière un mode de la force. Par la force, en effet, s'explique la virtualité effective des lois de la nature, morales aussi bien que physiques, et c'est, comme nous l'avons dit, d'après la virtualité de ces lois que le monde existe. Là est le *quid proprium* irréductible de la vie générale. Or, par l'idée que réalise le développement du germe, conformément aux conditions exigées par la loi créatrice pour sa manifestation, j'entends l'énergie préformatrice de tous phénomènes dont l'idée-notion est la formule évoluée.

Cette énergie, développée comme force et comme idée, n'a pu être une virtualité consciente d'avant le temps. La conscience, telle que nous l'entendons, suppose, en effet, la connaissance ; si elle est consécutive à la réaction motrice des réflexes, qui « dominent, comme on l'a dit, la vie entière de l'organisme, depuis les réactions du protoplasme sous l'action de la lumière ou de toute autre excitation jusqu'aux fonctions supérieures de l'intelligence (1); » si elle réflète une sensation et qu'elle y soit effectivement impliquée, elle n'en est pas moins quelque chose de plus que le réflexe et la sensation qu'elle développe dans le sujet. Ici le mot est d'accord avec la chose, et la même définition s'applique à l'un comme à l'autre : *conscientia* est un terme adéquat à l'idée qu'il renferme et suppose l'assimilation d'un objet par le sujet qu'elle affecte. La conscience, une des formes actives de la pensée, est donc, comme celle-ci, subordonnée, pour son épiphanie et son développement, aux mêmes conditions de déterminisme. J'ai dit, dans un autre ouvrage, que la conscience du moi était parallèle à celle que l'on acquiert du monde, et que, si l'homme devait jamais se connaître entièrement, il n'arriverait à cette hauteur de vue qu'après avoir épuisé l'étude de tout ce qui est hors de lui. « Le moi et le non-moi, ajoutais-je, sont deux termes corrélatifs, et le développement intelligible de l'un entraîne celui de l'autre, c'est-à-dire que la notion du moi et celle du non-moi se déterminent réciproquement dans l'esprit du

---

(1) *Les Sciences naturelles et la philosophie de l'Inconscient*, par Oscar Schmidt. Dans la *Préface*, de Jules Soury, p. 27.

sujet (1). » De là il ressort donc que, sous quelque jour que l'on considère la conscience, soit comme réaction de la sensation et de l'intellect, soit, d'une manière plus générale, comme faculté de discernement et d'harmonimétrie morale, c'est bien par la connaissance qu'elle arrive à sa formule, par elle qu'elle s'informe et se détermine. La connaissance est à la conscience ce que les prémisses ou éléments de comparaison sont au jugement.

En faisant de la virtualité abstractive des lois de la nature une volonté *con-sciente*, on imprime au mot comme à la chose un pas de vis en arrière qui en fausse la définition ; c'est *pré-science* qu'il eût fallu dire. La question doit donc être posée ainsi : L'hypothèse de la *pré-science* dans le principe virtuel de la vie des mondes est-elle compatible avec ce que nous connaissons de son développement, des lois et des conditions de l'existence ? Il est bien évident que, si cette virtualité supposée presciente n'était point une volonté libre, elle ne serait pas plus, dans l'œuvre de sa création, une volonté qu'une puissance; à une fatalité principielle devrait être reportée cette double qualité. Mais une virtualité presciente, dans de telles conditions,

---

(1) *Origines de la Religion*, t. I, p 4.

suppose l'harmonie préétablie, le gouvernement providentiel, à la place de la sélection naturelle, la prédestination, la grâce, et, conséquemment, l'inanité des œuvres. Et c'est parce que la science a ruiné cette base, que nous devons tenir une virtualité consciente d'avant le temps pour une monstruosité : *monstrum est quod de lege deflectit*. Que l'on pèse bien ce qui a été dit plus haut du sens à donner au terme de création, qui, même étymologiquement, n'est qu'un *fieri* ; ce qui a été dit de l'évolution naturelle, de ce qu'elle implique, et de la variabilité des manifestations de la vie, et l'on reconnaîtra qu'il ne saurait y avoir plus de *pré-science* que de *con-science* dans le principe virtuel en question. La pré-science, en effet, suppose, avec l'harmonie préétablie et la prédestination, non pas seulement l'inflexibilité de la loi, qui n'est que la fatalité et qu'exclut, par conséquent, l'idée de Providence souveraine, mais la rigoureuse nécessité des formes de son évolution. Or, il est établi que, avec les mêmes lois existantes, le monde eût pu être tout autre qu'il n'est ; que, les causes qui déterminent l'apparition des phénomènes étant multiples et contingentes, et toute manifestation liée à des conditions variables avec les milieux dans lesquels se produit le mouvement, il ne saurait y avoir rien d'absolument nécessaire et d'exclusif dans les formes particulières qu'elle peut affecter ; que, par conséquent, la pré-science, comme on l'entend ici, n'en serait une qu'hypothétiquement, venant en conclusion de prémisses de tout ordre qui peuvent ne pas se poser, ce qui, la subordonnant à des conditions de relativité, lui enlève son caractère de pré-science réelle absolue et en réduit l'hypothèse à quelque chose d'entièrement creux. De là il ressort que, si, en admettant la persistance de l'unité originelle du principe virtuel dans le plexus de la création, on pouvait attribuer à cette unité une conscience, ce ne serait, dans tous les cas, qu'une conscience réactive, soumise aux conditions d'idéogénie dont la formule est déterminée par les lois de l'évolution morale.

Voulons-nous conserver à ce principe la dénomination traditionnelle de divin, bien qu'elle ne dise rien par elle-même, qu'est-ce alors que Dieu, que peut-il être ?

Il n'est et ne peut être, lui aussi, en tant qu'on le suppose principe conscient, qu'une transformation de la force, une évolution idéale, en même temps que la personnification de l'universelle solidarité.

La pieuse hypothèse, — scientifiquement ce n'est

qu'une hypothèse, comme l'aurait très justement dit Laplace, sans rien préjuger, du reste, touchant la question, — n'a rien de nouveau sous cette forme ; elle a été la base de toutes les religions naturelles, en dehors des révélations. Qu'étaient, en effet, les dieux du Paganisme mythologique? Des parvenus : *selecti dii*. Divins au seul même titre que tout ce qui vit dans la nature, à laquelle ils appartiennent corps et âme, les dieux n'apparaissent d'abord que comme les forts par excellence : ce sont, pour me servir, en la symbolisant, de la terminologie kantienne, les *noumènes* d'une phénoménalité dont ils déterminent les mouvements. Qu'était le Dieu catégorisé qui les synthétisa plus tard, par exemple le Zeus développé et éternellement progressif de Cléanthe? Le premier d'entre nous, *primus inter pares;* un vrai père de famille, dont nous sommes les rejetons solidaires, non pas des enfants adoptifs, sortis de terre ou tirés du néant par sa parole, mais de véritables enfants de sa lignée, rattachés à lui et à sa divine nature par tous les liens du sang, issus de sa cuisse et remontant, pour notre généalogie, jusqu'à son éternité : ἐκ σοῦ γὰρ γένος ἐσμέν. Encore un pas de plus dans cette direction, et, comme je le dis dans un autre ouvrage, si le temps leur eût été laissé de tirer les dernières conséquences de leur tradition, les Grecs auraient pu ajouter :

Notre Jupiter, c'est la divine Unité, dans laquelle se résolvent tous nos dieux et qui sollicite toute créature de bonne volonté. Mais c'est aussi notre idéal messianique, celui qui, par ses travaux, a conquis sa personne d'abord, puis la divinité, et qui nous a ouvert une voie dans laquelle il faut le suivre, si nous voulons vivre de la vie éternelle: Ce qu'il est, il ne l'est point sans raison, par un principe de hasard. Suprême parvenu, ne devant qu'à ses efforts tout ce qu'il peut être encore, il n'a point à redouter les protestations de notre conscience contre l'injustice d'une béatitude inexplicable.

Quant au Dieu infini d'avant le temps, sans aucun rapport avec nos moyens d'observation et d'analyse, con-scient et pré-scient en dehors de tout déterminisme de con-science et de pré-science, les Grecs, ai-je dit dans le même livre, ne le connurent jamais, ou, du moins, ne fut-il jamais populaire chez eux. En disant aux Athéniens qu'il venait leur annoncer un dieu inconnu, « celui qui a créé le monde et tout ce qui est dans le monde (1), » saint Paul ne croyait

(1) *Actes des Apôtres*, 23 et 24... ὁ Θεὸς ὁ ποιήσας τὸν κόσμον καὶ πάντα τὰ ἐν αὐτῷ.

peut-être pas parler aussi exactement qu'il le faisait en réalité. Le Créateur qui a produit de rien toutes choses est une idée étrangère, qui, jusqu'à la prédication de l'Apôtre, n'était encore venue à l'esprit d'aucun Grec : il n'y avait pas d'éléments à prémisses pour une conclusion de ce genre dans la tradition hellénique. Je doute que le Christianisme eût été si facilement accepté du monde gréco-romain, payen comme il l'était toujours, quelque étendue que l'on suppose la diversion opérée par l'Ecole platonicienne, si la nouvelle religion n'avait eu à mettre à la place des dieux que l'unité contradictoire d'un absolu creux et vide. C'est la personne du Christ qui a fait la fortune des dogmes nouveaux, par le Fils que le Père et le Saint-Esprit ont pu se maintenir dans le symbole, de sorte que, à proprement parler, le Christianisme n'est bien, en dehors du théologisme doctrinaire, que la religion de l'Homme-Dieu. Aussi est-ce avec raison que, au sacrifice de la Messe, qui résume toute la religion chrétienne, le prêtre et les fidèles réservent leur adoration pour le Dieu incarné, et que les genoux ne fléchissent qu'à ces paroles : ET HOMO FACTUS EST (1)!

(1) Voir mes *Origines de la Religion*, tome I, pp. 61 et 62.

II

La création a-t-elle une fin qu'on puisse déterminer ? La réponse à cette question dépend, pour la forme à y donner, du point de vue où l'on se place pour suivre l'évolution de la nature. Si l'on considère la création en elle-même, dans son objectivité inconsciente, on n'y aperçoit qu'un travail de lois aveugles et fatales; de fin proprement dite ou concours réglé en vue d'un résultat défini d'avance, il n'y en a pas; l'harmonie préétablie, que cela supposerait, est démentie par la science, et la philosophie doit en écarter l'hypothèse. Mais à un autre point de vue, il est vrai de dire que des éléments dont se compose le déterminisme objectif sont nés ou plutôt se sont développés, comme conditions de vie, une idée et un vouloir d'harmonisation qui, en s'étendant, ont déterminé dans le mouvement des réflexes une solidarité d'ensemble et, conséquemment, une fin générale. Ainsi entendue, la téléologie n'est pas une simple abstraction; c'est un fait. Comme conséquence réactive de l'idée, elle s'impose à la conscience, dont elle commande les efforts et éclaire le travail.

Quelle que soit donc la forme que, sous le nom d'Idéal, puisse prendre le principe eurythmique de la création, il n'en existe pas moins comme véritable plasmateur de la vie. Si l'on en fait abstraction, si l'eurythmie et l'Idéal sont écartés de nos conceptions, il ne reste et l'on n'aperçoit plus dans la nature qu'une lutte de forces brutales. Prise ainsi objectivement, dans le seul ordre extérieur, celui qui affecte notre vue, notre ouïe, notre toucher, notre odorat, notre goût, tous nos sens réunis, si la nature n'est que ce que je dis, l'injustice doit en paraître la suprême loi, injustice inexorable, inflexible, de tous les instants de la vie, s'étendant à tout et sur tout. Dans cette loi, en effet, la force ne prime pas seulement le droit, c'est contre lui qu'elle est dirigée, par son antagonisme avec lui qu'elle semble en quelque sorte assurer sa formule : elle en est le Satan. Tout ce que l'anthropomorphisme des symboles religieux a compris dans l'idée du Cacodémon, tout ce qui a été, d'une manière plus ou moins grotesque, personnifié sous le nom du Diable, on peut largement l'appliquer à l'objectivisme exclusif de la nature : violence, ruse, méphistophélisme, telles sont ses armes, armes qui sont en même temps ses moyens d'action, les termes par lesquels il s'affirme. Suivons-le un instant à l'œuvre.

La concurrence vitale, ce qu'on appelle en d'autres termes, parfaitement appropriés, du reste, le combat pour l'existence, est, dans l'état du monde, la condition absolue de la vie générale. On ne vit que de ce qui a eu vie, par conséquent de la vie d'autrui, ce qui fait de la mort la règle et la souveraine dispensatrice des grâces auxquelles nous devons de vivre. Or, il arrive que, les éléments d'entretien de cette même existence n'étant pas en proportion de la fécondité des espèces et de leur progression, il y a fatalement lutte entre les individus pour la possession et la jouissance de ces éléments nécessaires. Tous les animaux se trouvent donc placés par la nature dans un état permanent d'hostilité à l'égard les uns des autres, « en ce sens, comme le dit très bien » M. Ferrière (1), qu'aucun ne saurait subsister sans » occuper une place que mille autres tendent à lui

(1) *Le Darwinisme.*

» ravir. » Et comme à cette place l'un n'a pas plus de droit que l'autre, c'est à la force de décider qui l'aura : « Qui donc aurait le droit pour lui ? dit un auteur » allemand. Tous luttent les uns contre les autres, et » chacun a raison ! La lutte pour l'existence est l'état » naturel de l'humanité ; elle est le grand moteur » du progrès ; sans elle tout s'arrête et meurt ; elle » stimule, elle anime, elle engendre, elle meut, et » c'est pourquoi elle est aussi notre tâche, je dirais » presque notre religion. Tout lutte : le pauvre qui » veut le communisme, le riche qui le combat, la » forte tête qui travaille, l'aristocrate détrôné, le » prêtre, le soldat, le républicain, le constitutionnel » libéral, le monarque ; et tous sont dans leur droit, » car il y va de leur existence. Il s'agit donc de sa-» voir qui l'emportera. Mais qui que ce soit qui » triomphe, il faudra qu'il foule aux pieds les vain-» cus ; c'est la loi de nature. Quiconque hésite et re-» cule perd des chances de vie. Une conciliation défi-» nitive est, avec une loi aussi absolue, chose radi-» calement impossible. Le combat est sans fin (1). »

Ce combat, soit que nous le considérions dans les luttes de peuple à peuple ou dans la pratique

(1) Robert Byr, *Der Kampf um's Dasein*, V^e vol., p. 261.

journalière des particuliers entre eux, dit un autre auteur allemand, rend fatalement nécessaires deux choses; il impose l'obligation de reconnaître que la fin justifie les moyens, et il exige l'exclusion de l'amour : «·De fait, aussi haut que l'on remonte
» dans l'histoire, elle ne nous montre nulle part un
» acte de l'amour, d'un grand amour de l'humanité,
» qui ait eu une influence décisive sur les destinées
» des peuples; ce qui a pu être fait par amour l'a
» été dans le domaine privé, sans qu'il en soit
» résulté rien de général (1). » Et M. de Hellwald ajoute, en s'appropriant des paroles de poète :
« Combattez et luttez, exterminez et élevez-vous,
» unissez ou divisez vos intérêts, employez vos
» forces séparément ou en commun, grandissez par
» les armes de la paix ou de la guerre, par la vio-
» lence ou la ruse, l'audace ou une basse opi-
» niâtreté; suivez l'éternelle impulsion qui vous
» pousse, de la naissance à la mort; mais ne mentez
» point, ne dites pas que vous vous aimez les uns
» les autres. L'idée de la communauté de senti-
» ments, de l'amour fraternel pacifique, n'a été
» qu'une idée, qui a succombé dans la lutte pour

---

(1) Fried. von Hellwald, *Culturgeschichte*, p. 798.

» l'existence. Si elle s'est faufilée dans la société, ce
» n'a été que pure grimace, et c'est cette grimace
» de singe qui trompe les hommes. Le combat est
» la consigne magique à laquelle obéit l'humanité;
» car les hommes se divisent ou se groupent au-
» jourd'hui d'après la langue, comme ils se sont, en
» d'autres temps, divisés ou groupés suivant les
» croyances. Toute suspension d'armes, en cette
» guerre sanglante, est un moment de relâche qu'on
» s'accorde pour respirer; encore, durant l'armistice,
» trouve-t-on à combattre sous d'autres formes. La
» paix serait l'affaissement, — la mort. Une nation
» expirée a la paix ! »

Ainsi l'égoïsme, un égoïsme qui suit toutes les pulsations du cœur, tous les mouvements de la pensée, qui, en un mot, détermine tous nos actes, ceux-là même qu'on pourrait croire les moins empreints d'animalité brutale, telle est la loi de nature. Et cette loi ne gouverne pas seulement les bêtes; elle régit l'homme avec le même empire, de sorte que, à s'en tenir aux grossières formules qui précèdent, la règle du devoir, que la nature ne connaîtrait point, ne serait qu'une simple ordonnance de rapports entre semblables, en vue de garantie réciproque d'intérêts, tout au plus une discipline. « Le droit est né, dit

» notre auteur, du groupement social ; la science ne
» connaît pas de droit naturel. Dans la nature, il
» n'y a qu'un droit, qui n'en est pas un : celui du
» plus fort. Et la force est, par le fait, la source la
» plus haute du droit, puisque sans elle il n'y aurait
» pas de législation(1). » Nous dirons ultérieurement
ce que nous entendons, nous, par le droit, dont
l'idée, comme on devra le conclure de notre exposition, n'est pas seulement métaphysique, mais plus
scientifique que ne paraît le croire M. de Hellwald.
Pour le moment, constatons que, s'il n'y a pas de
droit naturel, il n'y a pas non plus, dans la nature,
de devoir absolu, droit et devoir étant deux termes
corrélatifs. A ce compte, le précepte banal, pourtant
réputé saint : « Ne fais pas à autrui ce que tu ne
» voudrais point qu'il te fût fait à toi-même ! » devrait être tenu, comme il l'est, du reste, par les
pseudo-moralistes officiels et le code pénal de tous
les peuples, pour ce qu'il y a de plus élevé, pour la
dernière et suprême expression de la morale humaine.
Quant à la devise, autrement sainte, de la Révolution
française : LIBERTÉ, EGALITÉ, FRATERNITÉ ! la nature
la connaît et la recommande si peu, que c'est en

---

(1) Id., p. 44.

quelque sorte contre elle qu'a été ordonné et que s'entretient le grand combat pour l'existence. Le vaillant et généreux transcendantaliste américain Théodore Parker a eu, dans un de ses sermons, au sujet de cette noble devise, les paroles suivantes :
« A l'idée intellectuelle de liberté et à l'idée morale
» d'égalité, qui sont la base de la constitution amé-
» ricaine, les Français ont ajouté l'idée religieuse de
» fraternité, donnant ainsi à la politique comme à
» la législation une base divine aussi incontestable
» que les vérités mathémathiques. Ils déclarent que
» les droits et les devoirs précèdent et dominent
» toutes les lois humaines. L'Amérique dit : La
» Constitution des États-Unis est au-dessus du
» Président; la Cour suprême au-dessus du Con-
» grès. La France dit : La Constitution de l'univers
» est au-dessus de la Constitution de la France.
» Voilà ce qu'ont déclaré quarante millions d'hom-
» mes. C'est la plus grande chose qu'une nation ait
» jamais proclamée dans l'histoire. » Parker a raison; l'histoire n'a rien eu de plus grand à enregistrer qu'un pareil hommage de tout un peuple à des principes qui, pour n'avoir pas toujours été bien compris, n'en sont et n'en demeurent pas moins la véritable base de l'harmonimétrie morale des mondes.

Mais, pour le matérialiste qui ne voit dans la nature que la brutalité du fait *naturé*, voici ce que valent ces principes. C'est toujours le même inflexible logicien qui parle :

« Les principes, les idées de la Révolution, deux
» termes trompeurs dont on a tant abusé, se sont
» donnés pour quelque chose d'applicable d'une
» manière générale à l'humanité, comme une loi
» absolue devant régler l'ordre du monde politique
» tout entier. La Révolution, cependant, n'a jamais
» pu complètement dépouiller son caractère local,
» ce qui n'empêche pas ses principes de planer dans
» la fantasmagorie des droits de l'homme, un mot
» creux avec lequel on a mené la multitude incons-
» ciente comme on la menait jadis avec le miroite-
» ment de la suprême autorité de l'Église et du droit
» divin des rois.

» Le fanatisme, un fanatisme aussi extravagant
» que la foi aux idoles renversées des divers idéaux
» religieux, a seul pu entretenir la folle croyance que
» l'homme possède des droits parce qu'il est homme,
» tandis que, en réalité, il n'apporte pas plus de
» droits avec lui en ce monde que la dernière des
» créations organiques. Non moins grande a été la
» folie, encore, de traiter d'une manière égale tout

» ce qui porte le nom d'« homme » sur la terre, de
» vouloir imposer la même législation, le même sys-
» tème social aux Hottentots, aux Papous, aux Chi-
» nois, aux peuples du midi de l'Europe et aux popu-
» lations germaniques. Aussi toute tentative faite
» pour introduire dans la pratique « les principes »
» de la Révolution a-t-elle échoué de la façon la plus
» piteuse ou même a-t-elle eu pour résultat le con-
» traire de ce qu'elle visait. Les données de l'eth-
» nologie moderne sont une haute, éloquente et so-
» lennelle protestation contre les idées proclamées par
» la Révolution comme des vérités nouvellement con-
» quises. Les trois principes fondamentaux de la
» Révolution : l'égalité de tous les hommes, la sou-
» veraineté du peuple et l'exclusion de l'Église
» comme institution civile, se sont, avec le temps,
» convertis en leur contraire. La puissance des titres
» héréditaires s'est montrée plus forte que tout ce
» qui a été fait pour l'ébranler, et, profondément en-
» racinée dans la vanité humaine, elle se moque des
» règlements politiques... La démocratie, dont le
» plébiscite est l'expression la plus féconde, n'a pas
» aujourd'hui, parmi les républicains, d'ennemi plus
» redouté que lui. Quant à l'exclusion de l'Église,
» déterminée avant tout par l'envie de ses posses-

» sions temporelles, c'est encore là ce qui a réussi
» le moins ; car jusqu'aux vieilles libertés de l'Église
» gallicane, tout a dû plier sous un ultramontanisme
» étroit et superstitieux. C'est ainsi que l'expérience
» a montré l'inanité des principes de la Révolution
» et la sottise des philosophes. »

Après avoir esquissé quelques autres des conséquences qu'aurait eues, selon lui, l'essai de ces principes, le même auteur ajoute :

« De toutes les institutions une seule est restée,
» qui s'est maintenue malgré la ternissure de ses ga-
» lons : l'armée. La Révolution a légué au pays le
» décuplement des levées, et, avec un pareil héri-
» tage, cette importante leçon, à savoir que ce qu'il
» y a de plus nécessaire peut-être pour la société
» de nos jours et pour tout État européen, c'est une
» armée bien disciplinée et obéissante. Tant que l'ar-
» mée existera, un gouvernement honorable et cou-
» rageux n'aura rien à craindre du socialisme. »

Aussi, réservant son admiration, dans le rapide exposé qu'il fait de nos principes révolutionnaires, pour Napoléon Ier d'abord, et puis pour Napoléon III, les tient-il l'un et l'autre pour de « vrais sauveurs de la société ». En « écrasant la tête du serpent qui les avait enfantés », ils n'auraient pas seulement, en effet, rendu la vie à notre France, ils auraient encore extirpé un mal « qui menace la liberté, l'ordre et la civilisation de l'Europe ».

Liberté, Égalité, Fraternité ! La nature ne vous connaît pas. Vous n'êtes que des formes chatoyantes d'un mirage trompeur; et sur le front de nos monuments, d'audacieux mensonges. C'est l'école naturaliste qui vous le dit, et elle ne fait en cela que formuler ce qui est dans la pensée et la pratique de nos vainqueurs de 1870, dans les dédains de tout le conservatisme religieux et politique des vieux partis, tant à l'étranger qu'en France. Au fond, si ce n'est pas aussi la pensée de tout le matérialisme scientifique honnête, c'en est, du moins, le douloureux : *Que sais-je ?*

Liberté ! Quiconque suit attentivement, sans prévention, l'histoire de notre race humaine, depuis ses commencements jusqu'à nos jours, doit se convaincre, d'après l'auteur précité, que l'aspiration vers la liberté n'est qu'une impulsion trompeuse; la réalité, ce serait la soif de la servitude. L'homme serait-il né libre, qu'il éprouve le besoin de servir et se fait lui-même ses maîtres : réels ou imaginaires, il lui en faut à tout prix. L'histoire ne semble être, en effet, qu'une longue série d'anneaux de fer en torsade autour du cou de l'humanité, garotte pour les uns, parure pour les autres. Car s'il en est qui aient préféré la mort à l'esclavage, combien d'autres, en plus grand nombre, n'ont-ils pas fait comme ce seigneur livonien sur le blason duquel a longtemps figuré et figure peut-être encore le bâton dont Pierre le Grand rossa un jour le chef de sa lignée ? Il est, du reste, difficile de contester que, dans beaucoup de sociétés, les différents degrés de la noblesse répondent à des degrés parcourus dans l'échelle de la servitude par des ancêtres aussi heureux qu'honorés d'obéir.

La Liberté! Les hommes, encore une fois, ne la désirent point, « non pas pour aultre raison, ce sem-
» ble, ainsi que s'exprime La Boétie, sinon pour ce
» que, s'ils la désiroient, ils l'auroient; comme s'ils
» refusoient faire ce bel acquest, seulement parce
» qu'il est trop aysé... C'est le peuple qui s'asservit,
» qui se coupe la gorge; qui, ayant le choix d'estre
» subject ou d'estre libre, quitte sa franchise et prend
» le joug; qui consent à son mal ou plutôt le pour-
» chasse. S'il lui coustoit quelque chose de recou-
» vrer sa liberté, il ne l'en presseroit poinct, com-
» bien que ce soit ce que l'homme doit avoir de plus
» cher que de se remettre en son droit naturel; et,

» par manière de dire, de beste à revenir à homme;
» mais encore je ne lui permets point qu'il ayme
» mieux une je ne sais quelle seureté de vivre à son
» ayse (1). »

L'histoire de tous les peuples, depuis qu'on a pu la suivre, montre que La Boétie n'a rien exagéré. Que l'on retranche des annales de l'humanité quelques pages isolées, qu'on y croirait interpolées même, comme, par exemple, les cent et quelques années de démocratie athénienne, depuis Solon jusqu'à la mort de Périclés, — années qui, du reste, il faut bien le reconnaître, comptent plus pour le progrès humain que les cinq ou six mille ans des histoires d'Assyrie ou d'Égypte, – et le reste n'est plus qu'une longue et immense nuit où ne scintille que le reflet du petit nombre, où la clarté ne semble faite que de l'asservissement des multitudes à l'autorité souveraine de quelques-uns. Il serait presque de foi, dit-on, à voir de quelle façon l'homme s'est développé, que la servitude a été pour lui ce que la domesticité est pour les animaux, un poliment : « Ce
» n'est pas, dit encore ici la science, dans la liberté
» de l'individu, mais dans le travail d'ensemble des

(1) *De la Servitude volontaire.*

» masses que résident les conditions de culture, de
» sorte que nous sommes autorisé à considérer, d'un
» côté, le despotisme ou la puissance du prince
» comme un élément éminemment civilisateur, et,
» d'autre part, à rejeter dans le domaine de la phrase
» non scientifique le verbiage de l'indignité du ser-
» vage populaire (1). »

Partout où la liberté, comme en Grèce et à Rome, a pris pied dans la cité, c'est beaucoup moins comme principe de droit qu'elle s'y est introduite que comme conséquence d'une situation politique, comme facteur amené par la force des choses. A Rome et en Grèce, notamment, là même où nous la voyons, dans l'antiquité, briller de son éclat le plus vif et produire ces merveilleux résultats auxquels notre civilisation moderne doit tant de ses éléments, ce furent les propriétaires fonciers, patriciens et eupatrides, qui en établirent le régime à leur profit exclusif, pour se défendre des rois et de la foule, préserver par la coalition leurs propres intérêts et se maintenir les maîtres. Ce ne fut que tard, au déclin des patriciats républicains, lorsque la force commençait à se déplacer, que l'idée de liberté prit peu à peu le caractère de

(1) *Culturgeschichte*, p. 222.

principe moral et s'affirma théoriquement comme quelque chose de plus qu'un simple mode de l'utilitarisme. Je ne voudrais point affirmer qu'en Angleterre et en Amérique, où la liberté occupe une si large place dans la constitution, elle soit sortie encore de cette dernière phase. Les Anglais professent que l'honnêteté est la meilleure des politiques : *honesty ist the best policy*. La liberté ne serait-elle pas pour eux, comme elle l'est, du reste, dans tous nos régimes constitutionnels, quelque chose d'analogue seulement?

Quant à la liberté à la française, telle, du moins, que l'entendaient les *Droits de l'homme*, c'est incontestablement la vraie liberté, la liberté pure, l'idéal de la liberté. C'est celle que poursuivent nos rêves, après laquelle aspirent toutes les intelligences et toutes les volontés honnêtes que n'a pas rouillées le souffle impur de l'égoïsme, la liberté en soi, indépendante, comme l'idée de justice dont il sera question dans un chapitre ultérieur, de toute considération d'intérêt ou même d'utilité pratique. Or, il n'est pas douteux que, loin de se prêter à son expansion, la nature n'y oppose des résistances, que le devoir est de combattre, certes, mais dont la grande erreur de notre démocratie a été de croire qu'elle pouvait triompher avec les seuls moyens économiques.

L'Égalité ! Comme conséquence logique de la liberté vraie, de cette même liberté qui, en manière de corollaire, implique la péréquation de tous les droits naturels, le respect absolu de toute proportionnalité de fait à cet égard, ce n'est qu'un idéal encore. Peut-on espérer que cet idéal, dont le devoir, pourtant, est de vouloir et de poursuivre la réalisation au même titre que celle de la pure liberté, trouve jamais ici-bas sa formule adéquate ? Nous dirons ultérieurement pourquoi nous ne le croyons pas. En attendant, voici ce que la nature, par l'organe des docteurs de la morale utilitaire, oppose au deuxième des grands principes de la Révolution :

« La loi de l'égalité universelle ! dit sir Bulwer-Lytton. Le monde entier pourrait se coaliser pour imposer ce mensonge, qu'il n'en ferait pas une loi. Nivelez aujourd'hui toutes les conditions, et tous les obstacles sont aplanis à la tyrannie de demain. Une nation qui aspire à l'égalité est indigne de la liberté. Dans toute la création, depuis l'archange jusqu'au ver, de l'Olympe au grain de sable, depuis l'astre radieux et parfait jusqu'à la nébuleuse qui traverse des siècles de brume et de boue pour arriver à se constituer en monde habitable, la première loi de la nature est l'inégalité. Que les inégalités de la vie physique disparaissent, je le veux bien. Mais pour les inégalités intellectuelles et morales, jamais ! Pas d'instituteur laissé au monde ! Pas d'hommes plus sages, meilleurs que d'autres ! Quand même ce ne serait pas une condition impossible, quelle perspective désespérante pour l'humanité ! Non ; tant que durera le monde, le soleil dorera le sommet de la montagne avant d'éclairer la plaine. Répandez aujourd'hui toute la science que le monde contient sur tout le genre humain, et demain il y aura des hommes plus sages que le reste. Et ce n'est pas une loi dure, mais une loi d'amour, la véritable loi du progrès. Plus, dans une génération, le petit nombre est sage, plus la multitude le devient dans la génération suivante (1). »

Que sir Bulwer-Lytton, qui, dans le même roman, affecte de réserver pour des Français les plus vilains rôles de son drame et qui va même jusqu'à traiter notre Révolution de « hideuse moquerie des aspirations humaines, — *that hideous mockery of human aspirations* (2), » — ait si mal compris ce que les *Droits*

(1) *Zanoni*, l. II, c. 7.
(2) *Id.*, l., II, c. 2.

de l'homme entendaient par l'égalité, ou que, même le comprenant, il se soit obstinément refusé à y voir un principe moral, il n'y a peut-être pas lieu de s'en étonner; le génie anglais, dont Bentham, au siècle dernier, Spencer et Stuart Mill, de nos jours, paraissent le mieux réfléter l'originalité esthétique, est généralement plus revêche que le nôtre à l'idée de la morale pour elle-même comme à celle de l'art pour le beau seul : il lui faut la formule pratique du concept.

C'est pourtant un Anglais, et cet Anglais est Bentham lui-même, qui a dit : « Chacun compte pour un, et personne ne compte pour plus d'un. » C'est un autre Anglais, et cet autre Anglais est l'apôtre de l'utilitarisme, Stuart Mill, qui a eu ces belles paroles : « La justice veut que tous les hommes vivent en société comme égaux entre eux. » Or, par le fait de la sélection naturelle, qui détermine et règle le mouvement et le progrès des sociétés humaines aussi bien que le développement des espèces animales, il arrive ceci, à savoir qu'il y a nécessairement des êtres qui comptent chacun pour plus d'un, et que ce que veut la justice est fatalement irréalisable et ne saurait, sous quelque forme possible qu'on imagine l'avenir sur la terre, se réaliser jamais dans aucun des règnes de la nature vivante.

Si la lutte pour l'existence est le droit de chacun, du pauvre comme du riche, de la bête comme de l'homme ; si, par conséquent, la part de sustentation dont chacun a besoin pour vivre doit être tenue, non pas pour égale, — ce qu'il serait absurde de prétendre et de faire dire aux *Droits de l'homme*, — mais d'une égale légitimité ; et pourtant, si, d'autre part, la sélection exclut de la possibilité d'atteindre jamais à cette légitime satisfaction proportionnelle l'immense majorité des êtres, qu'est-ce donc que l'égalité, celle même de notre devise révolutionnaire, celle de l'idéal social, aux termes de la loi de nature ? En vertu de cette loi, n'est-ce pas l'oppression du plus grand nombre, celle de la liberté, de l'égalité, de la fraternité, par conséquent, que la sélection naturelle, sans pitié ni merci, maintient et consacre en quelque sorte comme une nécessité inéluctable ? Tout passionné qu'on puisse être, comme nous le sommes nous-même, pour le règne de l'égalité ainsi entendue, on est obligé de courber la tête devant cette fatalité et de reconnaître humblement que, puisque le combat pour l'existence et la brutalité de la sélection sont bien effectivement, ainsi que la science l'a démontré, d'impitoyables conditions de vie et de progrès dans tout l'orbe cosmique, il n'y a et il n'y aura jamais pour la liberté, l'égalité et la fraternité, ici-bas, d'autre raison d'épiphanie plus élevée que le *summum* de l'utilité relative.

Va donc pour cette utilité, tandis que nous vivons d'une vie enchaînée par la fatalité évolutionnelle à un mode de labeur qui répond si mal aux grandes aspirations du cœur et de l'esprit ! Mais qu'on n'en fasse pas, pourtant, la règle souveraine de nos efforts, le seul motif déterminant de notre conduite, quelque chose d'absolu ; qu'on nous permette d'harmoniser d'une autre manière les besoins de la pensée noble qu'en les liant exclusivement à des formules dans le lacet desquelles nous savons trop bien que la satisfaction est impossible ; qu'en un mot, on nous laisse l'idéal, non pas un idéal à contempler, mais un idéal effectif qui s'impose à la volonté comme déterminatif de nos actes, pour en élever le but et nous y attirer, à travers la lutte et la souffrance. Car, s'il est vrai que ce but soit réel, comme nous croyons pouvoir le démontrer, il n'en résulte pas moins de ce qui précède qu'on le chercherait vainement sur la terre ; qu'il n'existe et ne peut être atteint que vers les hautes régions transcendantales où seulement est possible, dans la mesure de leur concept, la réalisation des grands principes des *Droits de l'homme : Liberté*,

Egalité, Fraternité. Et de ce fait devra ressortir l'évidence de la contradiction qui a suggéré aux apôtres du néant les sarcasmes de leur ironie, à savoir que, en plaçant le but ici-bas, avec les conditions sélectives que l'on connaît, notre démocratie fait malheureusement exprimer à ces principes tout le contraire de ce qu'en implique l'adorable formule.

III

Plutarque dit de Lysandre, dans la *Vie* qu'il nous a laissée de ce général, que, en toutes choses, il n'estimait la justice qu'autant qu'elle pouvait s'allier à son intérêt, « ne tenant pour beau et honnête que ce qui était utile. » Il ne croyait pas que la vérité valût mieux que le mensonge; car il ne faisait cas indistinctement de l'un comme de l'autre que pour l'avantage qu'il en retirait : ce sont les propres termes du biographe. Cette doctrine de l'utilitarisme, Lysandre la tenait de tradition. On sait que, à Sparte, sa patrie, on n'hésitait pas à jeter dans le gouffre des Apothètes, comme nous faisons, nous, des petits en trop de nos chiennes et de nos chattes, les enfants qui leur naissaient avec des vices de conformation et qu'ils ne jugeaient point devoir être de profit pour la République. Je ne doute pas que ce ne fût à ces maximes impures que fit allusion Socrate, le contemporain de Lysandre, quand il disait : « Honte à celui qui, le premier, osa faire une distinction entre ce qui est juste et ce qui est utile! » La vie et la mort de ce grand martyr de l'idéal prouvent amplement que ce qu'il a voulu dire, c'est qu'il n'y a d'utile que ce qui est juste; qu'il n'a subordonné la notion et la pratique de la justice à aucun but spécifié, le principe à aucune finalité; que pour lui, en un mot, le juste était indépendant du résultat, quel qu'il dût être, et qu'il n'y avait pas de distinction à établir à cet égard. Il n'ignorait pas, lui qui fut le maître de Platon et en quelque sorte le premier instituteur de l'idéalisme, que le juste, comme l'a fort bien dit plus tard M. Littré, est de l'ordre intellectuel, de la nature du vrai, et qu'il est aussi distinct de l'utile que le vrai l'est lui-même.

On ne saurait donc voir, dans les paroles précitées, qu'une protestation énergique contre la doctrine si largement mise en pratique par les heureux vainqueurs de son temps, et qu'un siècle plus tard Épicure devait rationaliser sous forme de philosophême.

Oui, certes, tout acte de nous, pour être un acte humain, non plus seulement un acte d'homme, et avoir, par conséquent, sa moralité, doit être fait en vue d'une fin ; la seule intuition ne saurait en spécifier le caractère, l'induction est nécessaire à cet effet. C'est par l'induction que le vouloir en nous se moralise ; que nos actions prennent leur couleur. La morale exclusivement intuitive n'est pas de l'éthique. Mais parce que nous admettons que le raisonnement inductif constitue la notion du juste, s'ensuit-il que ce même juste soit créé par notre raisonnement ; que les principes n'en existent point *à priori* dans l'âme humaine, indépendamment des traditions héréditaires; que, en un mot, le bien et le mal, comme le vrai et le faux, soient uniquement affaire d'observation et d'expérience? La raison, en tant que faculté déterminative du vrai caractère objectif de nos sensations, ne saurait, assurément, se contenter de l'*à priori* intuitif. Il faut à l'intelligence, comme le dit très bien M. Stuart Mill (1), des motifs capables de la déterminer à donner ou à refuser son adhésion à une doctrine; en d'autres termes, il lui faut des preuves. Mais ces preuves, si on ne les veut avoir que dans une téléologie immédiate, fût-ce une téléologie d'intérêt social généralisé, sont à ce point insuffisantes, qu'on n'en peut rien tirer d'absolument

---

(1) *Utilitarisme*, ch. 1er.

moral, si on ne les appuie de considérations intuitives. Ainsi, même pour établir rationnellement la notion du juste et constituer logiquement notre responsabilité, le procédé inductif ne saurait se passer des motifs fournis par l'intuition. En effet, de quelle autre raison que de l'utilité, dans le sens d'un avantage au profit du plus grand nombre, pourrait bien s'autoriser ici la méthode inductive pour rationaliser la morale de nos actes et établir la responsabilité que je viens de dire? Nos Codes de législation ne connaissent que ce procédé, et peut-être, à ne vouloir comme eux, et à l'exemple de la philosophie positive, s'en tenir qu'à l'induction, n'en trouverait-on pas un autre. Or en posant, comme le fait cette philosophie, que les actions sont bonnes suivant le degré d'avantage qui en résulte, et mauvaises, si elles tendent à produire le contraire du bonheur, on donne pour fondement de la morale l'utilité en tant que principe de bien-être, soit le bonheur entendu d'une manière générale, ou absence de la souffrance et satisfaction des désirs. C'est, du reste, dans ces propres termes que Stuart Mill a formulé la théorie positiviste de l'utilitarisme. Que le vrai bonheur réside dans la satisfaction des désirs nobles, cette théorie, loin de le contester, le tient pour certain et le prouve même par les préférences des natures saines pour les jouissances morales, — jouissances du beau, du vrai et du bien, — sur les jouissances exclusivement matérielles : « Lorsque nous posons en principe, a dit Epicure (1), que le bien-être est la fin de l'homme, nous n'entendons nullement parler des plaisirs de la luxure ou de la débauche, comme le pensent certains hommes, qui méconnaissent notre doctrine ou qui l'interprètent méchamment. Le bien-être, tel que nous l'entendons, consiste dans la santé du corps et dans l'inaltérable tranquillité de l'âme. » C'était de même ainsi que l'entendait Lucrèce, le plus illustre des disciples du maître dans l'antiquité : pour lui, à en juger par l'enthousiasme que lui fait éprouver la contemplation de la nature, la suprême jouissance était bien la possession de la vérité. Je suis donc tout disposé à admettre que l'on a calomnié Epicure et l'Epicuréisme, comme on avait calomnié Démocrite, le père de la doctrine, comme, de nos jours, on calomnie l'utilitarisme, en les accusant de subordonner les jouissances de l'esprit, ce que le philosophe abdéritain appelait l'*euthymie* et où il mettait la volupté suprême, à la

---

(1) Lettre à Ménécée.

satisfaction des appétences purement sensuelles. Néanmoins, même avec cette concession et l'hypothèse d'un pareil genre de volupté comme déterminatif noble de nos actions, je ne crois pas qu'il soit possible de concilier l'idée du bien-être ainsi entendu avec une rigoureuse pratique de la justice. Si le bonheur est le but auquel doivent tendre toutes les aspirations de notre âme, et si ce but, comme l'enseigne l'école utilitaire, est le vrai critérium de la moralité des actes humains, autant vaut confesser tout de suite qu'il n'y a pas plus d'actes humains que de morale.

Prouvons d'abord que, moralement, le bonheur ne peut être considéré comme le but suprême de l'existence d'ici-bas.

Que la recherche du bien-être soit, dans la pratique de la vie, ce qui surtout détermine nos efforts et active le progrès, non seulement de la civilisation matérielle, mais des mœurs elles-mêmes, dont le développement s'y rattache pour une bonne part, on ne saurait le contester : il n'y aurait rien à faire sur la terre pour la généralité des vivants, et assurément il ne s'y ferait rien qui en valût la peine, s'il fallait résolument désespérer d'atteindre jamais au bonheur. Espérons donc, espérons toujours, et ne cessons de travailler en vue d'améliorer la place dont nous avons hérité de ceux qui nous ont précédés dans la carrière, de l'améliorer pour nous et pour ceux qui doivent nous suivre. Rien de plus légitime; c'est le droit, et c'est aussi le devoir. Mais de là à conclure que la fin ainsi visée soit réellement à portée de nos efforts ou, en la supposant telle, qu'on puisse y arriver par les seules voies de la justice ou même de la simple équité, l'inflexible malice des lois de la nature ne le permet pas.

Qu'est-ce, d'abord, que le bonheur? Le plus illustre, le plus heureux et le plus digne de l'être, parmi les rois arabes qui ont régné en Espagne, Abdérame III, dit le Victorieux, lui qui aurait dû, ce semble, le savoir mieux que tout autre, s'en est expliqué à sa mort. Voici ce qu'on trouva, parmi ses papiers, écrit de sa propre main : « Cinquante ans se sont écoulés depuis que je suis khalife. Richesses, honneurs, plaisirs, j'ai joui de tout : j'ai tout épuisé. Les rois mes rivaux m'estiment, me redoutent et envient mon bonheur. Tout ce que les hommes peuvent désirer m'a été prodigué par le Ciel. Dans cette longue période d'apparente félicité, j'ai calculé ce que fut le nombre de jours où je me suis trouvé heureux; ce nombre se monte à quatorze ! Mortels, comprenez d'après cela ce qu'est la magnificence, ce qu'est la vie ! » On sait avec quelle ironie cruelle, bien des siècles avant ce khalife, la Destinée vengea Solon des dédains d'un monarque qui se faisait gloire d'être heureux et ne comprenait point que le sage Athénien hésitât à le croire sur parole. Mais, si l'on se reporte à ce qui a été dit plus haut, dans ce même livre, des conditions de la victoire, en la lutte pour l'existence, et que l'on reconnaisse que la nature est bien, comme il a dû en ressortir, la suprême injustice; si l'on admet avec moi que le plaisir n'est qu'un piège, une amorce, un leurre machiavélique, le bien-être un rapt, la jouissance, quelle qu'en soit la forme, fût-elle l'*euthymie* de Démocrite ou la *placida pax* de Lucrèce, une satisfaction égoïste plus ou moins délicate; si, en un mot, on demeure bien pénétré de ce fait, que, en l'état où les lois de la nature tiennent notre monde, il n'y a et ne peut régulièrement y avoir place au soleil de la félicité terrestre que pour les violents, les rusés, les sceptiques insensibles et les gens sans entrailles, on devra convenir que le bonheur, dans tous les cas, n'est guère conciliable, sur notre planète, avec la justice ou même l'équité, comme je m'exprimais plus haut. La jouissance ici-bas, que l'homme heureux le veuille ou non, c'est le mal d'autrui :

> Suave, mari magno turbantibus æquora ventis,
> E terra magnum alterius spectare laborem.
> Non quia vexari quemquam est jucunda voluptas,
> Sed quibus ipse malis careas, quia cernere suave est.
> Suave etiam belli certamina magna tueri
> Per campos instructa, tua sine parte pericli;
> Sed nil dulcius est bene quam munita tenere
> Edicta doctrina sapientum templa serena,
> Despicere unde queas alios, passimque videre
> Errare, atque viam palantes quærere vitæ,
> Certare ingenio, contendere nobilitate,
> Noctes atque dies niti præstante labore,
> Ad summas emergere opes, rerumque potiri.

« Il est doux de contempler du rivage, quand les flots de la mer sont soulevés par la tempête, les efforts d'un malheureux luttant contre la mort ; non pas qu'il y ait plaisir à voir l'infortune d'autrui, mais parce qu'il est doux de se trouver en présence de maux que l'on n'éprouve point. Il est doux encore, à l'abri du danger, d'avoir devant les yeux le spectacle de grandes armées rangées en bataille. Mais rien n'est délicieux comme de voir, des hauteurs sereines élevées par la sagesse, les mortels courir çà et là, à la poursuite de la fortune, se disputer à qui l'emportera par le talent ou la naissance, nuit et jour s'acharner au labeur pour s'élever à de grandes richesses ou conquérir le pouvoir. »

Tertullien, lui, en peignant les supplices de l'Enfer, ne se réjouit pas seulement, comme Lucrèce, de se trouver à l'abri de maux semblables ; à sa jouissance il ajoute une saveur de plus, celle de la haine contre un ennemi vaincu :

« Quelle magnificence de spectacle, dit-il ! Comme
» il y a lieu d'admirer, comme il y a à rire, à se
» gaudir, à tressaillir d'aise, en voyant tant et de si
» grands rois, que l'on disait reçus dans le Ciel avec
» Jupiter et ses témoins, gémir dans la profondeur
» des ténèbres ! Tant de chefs d'autorité, de persé-
» cuteurs du nom du Seigneur, se tordre au milieu
» de flammes plus cruelles que les tourments qu'ils
» ont eux-mêmes fait endurer aux Chrétiens ! Et ces
» sages, ces philosophes, qui enseignaient que rien
» n'était à Dieu, qu'il n'y avait pas d'âme ou qu'ils
» ne reprendraient pas leur ancien corps, brûler,
» tout rougissant, devant leurs disciples et avec eux !
» Et ces poètes, encore, tremblant, non pas devant
» le Tribunal de Rhadamante ou de Minos, mais
» devant le Tribunal du Christ à qui ils n'avaient

» jamais pensé ! Alors les tragiques se feront un peu
» mieux entendre, et ce sera cette fois pour des dou-
» leurs personnelles qu'ils auront plus de voix. Alors
» on verra les histrions devenus bien plus lestes par
» le feu, et le cocher tout rouge dans une roue en-
» flammée ; on verra aussi les athlètes se rouler, non
» plus dans les gymnases, mais dans le feu, à moins
» que je ne veuille pas même les regarder, préférant
» tenir ma vue inassouvie sur ceux qui se seront
» déchaînés contre le Seigneur (1). »

Saint Thomas d'Aquin, un peu plus modéré dans la forme, n'est pas moins violent au fond : « Les bien-
» heureux, sans sortir de la place qu'ils occupent, dit
» de son côté cet Ange de l'École, en sortiront ce-
» pendant, d'une certaine manière, en vertu de leur
» don d'intelligence et de vue distincte, pour consi-
» dérer les tourments des damnés ; et en les voyant,
» *non seulement ils n'éprouveront aucune douleur,*
» *mais ils seront inondés de joie, et ils rendront grâ-*
» *ces à Dieu de leur propre bonheur en assistant aux*
» *ineffables souffrances des impies.* »

Certes, tous les heureux n'avouent point que la vue des misères d'autrui ait une part dans leurs jouis-

(1) *De spectaculis*, c. XXX.

sances; personne, parmi eux, de ceux-là même qui aiment à se persuader que le bien et le mal ne sont que des dévolus mérités, n'oserait peut-être répéter, avec la Rochefoucauld, que « la compassion n'est bonne à rien au dedans d'une âme bien faite, et qu'elle ne sert qu'à affaiblir le cœur »; mais il n'en demeure pas moins exact de dire que, s'ils croient bien, comme le roi Crésus, être ce qu'on les croit, ils sont tout au moins de parfaits égoïstes. Il est question, dans le Bouddhisme ésotérique, d'un état temporaire de l'âme après la mort, appelé *Dêvachan*, où, vivant d'une vie exclusivement subjective, les saints n'auraient devant eux, comme dans leurs souvenirs, que le spectacle d'une béatitude générale. « Dans cet état,
» dit Sinnett (1), on ignore ce qui se passe sur la terre.
» Sans cela, il n'y aurait pas de vrai bonheur après
» la mort. Un ciel d'où, comme du haut d'un obser-
» vatoire, on pourrait voir les misères de notre
» planète, serait véritablement un lieu de souffrances
» morales aiguës pour ses habitants les plus désin-
» téressés et les plus méritants. Si nous les douons en
» imagination d'assez peu de sensibilité pour supposer
» qu'ils ne se soucient guère des souffrances des autres,

(1) *Esoteric Buddhism*, p. 72 et suiv.

» après que les quelques personnes à qui ils étaient
» immédiatement attachés ont cessé de vivre et été
» les rejoindre, ils n'en auraient pas moins passé
» par une très malheureuse période d'attente avant
» que les survivants eussent atteint le terme d'une
» existence souvent longue et douloureuse ici-bas.
» Cette hypothèse, du reste, est tout à fait inadmis-
» sible, puisque, par contre, elle fait du ciel un séjour
» d'autant plus pénible qu'on aurait été plus désin-
» téressé, plus aimant, et qu'elle prolonge ainsi au
» delà de la tombe, pour les meilleurs ; en les épargnant
» aux moins bons, les tourments qu'a fait endurer
» aux premiers le spectacle des misères humaines en
» général, tourments qu'ils endureraient toujours,
» même après la délivrance de ceux qui leur étaient
» personnellement chers. »

Saint Anselme paraît avoir eu de la béatitude céleste une idée qui se rapproche de celle du *Dévachan :*
« Quiconque, dit-il, méritera de régner avec Dieu,
» tout ce qu'il voudra sera au ciel et sur la terre, et tout
» ce qu'il ne voudra pas ne sera ni sur la terre ni au
» ciel, parce que la gloire n'est autre chose qu'un par-
» fait accomplissement de la volonté du juste. » Ce
qui revient à dire que la vie du juste dans le ciel est,
comme le Dévachan, une vie subjective.

Cette conception de la béatitude ne diffère guère, ce semble, de l'*euthymie* de Démocrite et d'Épicure, de la *placida pax* de Lucrèce, de la « paix de Dieu » — *pax Dei* — de saint Augustin, de l'*omnia vanitas* de l'Ecclésiaste, de l'insouciante sérénité d'esprit de son traducteur français, non plus que de la hautaine satisfaction de l'utilitarisme après l'aumône faite aux gueux et aux déshérités de la fortune, après le paiement de la taxe des pauvres. Elle a, néanmoins, sur ses congénères, malgré son raffinement d'égoïté, un avantage, celui d'avoir compris que le bonheur individuel est lié au bonheur de tous, et si, dans le Dévachan, comme dans le ciel de saint Anselme, les saints, pour être heureux, ont besoin de croire, à l'exemple de certain roi de Pologne, que, parce qu'ils ont bu, tout le monde doit être ivre, ils ne se réjouissent pas, du moins, de ce que souffrent les autres, comme les élus du paradis de Tertullien et de saint Thomas, et qu'ils tiendraient même pour un mal personnel la vue de maux qui leur sont étrangers.

Il est certain que, pour les cœurs véritablement grands et les âmes d'élite, le spectacle des douleurs d'autrui est une souffrance; il est même utile qu'il en soit ainsi pour le salut de l'humanité, qui, quoi qu'en disent les sceptiques, doit aux messies martyrs la meilleure part de ses progrès. Eh bien ! que revient-il, dans cette vie, aux bons, aux plus méritants, de leurs sacrifices, de tout ce qu'ils ont fait, à leur désavantage personnel, d'utile et de profitable pour le plus grand nombre ? Je ne dirai pas, avec l'Ecclésiaste, que « toutes choses arrivent également au » juste et à l'injuste, aux bons et aux méchants, au » pur et à l'impur. » Ce ne serait pas tout à fait exact. Ce qui l'est beaucoup plus, c'est que, toutes choses étant plus largement senties par les âmes nobles que par les âmes vulgaires, par les bons que par les méchants, il y a fatalement plus de bonheur ici-bas pour ceux qui le méritent le moins que pour les autres. Le monde étant ce que nous le voyons, le bonheur, pour l'individu, y est en raison inverse de la part que nous prenons aux misères communes, du mérite, par conséquent. Un véritable grand homme est un homme malheureux. N'eût-il pas à boire la ciguë comme Socrate, à mourir sur la croix comme Jésus, à être roué, pendu, décapité, brûlé ou écorché vif comme tant d'autres, il aurait assez de la vue des bûchers qu'il ne peut éteindre, du sang qu'il ne peut arrêter, des larmes qu'il ne peut sécher, des plaies sans nombre qu'il ne peut guérir, pour souffrir lui-même de tout cela à la fois, et en souffrir, lui, le juste par excellence, tandis que les repus, les égoïstes, les indifférents, les moins dignes, en un mot, savourent ce qu'il peut y avoir de fumets recherchés au banquet de la vie.

La Rochefoucauld a dit de la pitié que c'était « souvent un sentiment de nos propres maux dans les maux d'autrui, une habile prévoyance des malheurs où nous pouvons tomber » ; que les services qu'elle nous fait rendre aux autres « sont, à proprement parler, un bien que nous nous faisons à nous-mêmes par avance ». Je crois, pour mon compte, que ce n'est pas parler comme il convient, ou, si l'on aime mieux, que c'est accentuer la morale juive du Koheleth en termes trop généraux, que d'attribuer sans distinction de nuances un sentiment comme la commisération à de pareils calculs. Je crois bien que, pour les heureux, pour ceux qui, sans cela, ne jouiraient ni de l'euthymie ni de la souveraine placidité des dieux, la pitié n'est pas autre chose ; qu'elle ne peut être une souffrance et n'est, effectivement, quand elle se manifeste, qu'une simple réaction de l'égoïsme. Il le faut bien, du reste, puisque leur bonheur tient absolument à ce qu'il en soit ainsi. Mais, sans même faire intervenir dans la question la morale proprement dite, croit-on que, philosophiquement, la commisération ne se rattache pas à une loi plus haute? Il est aujourd'hui scientifiquement démontré que l'évolution des espèces comme des individus a débuté, si tant est qu'elle ait eu un commencement, et qu'elle se continue par leur déploiement successif ou *ex-plicatio* d'états antérieurs de moins en moins compliqués ou plus simples. Il ressort de là que, en rebroussant chemin par la pensée, on arriverait nécessairement de réduction en réduction à un monisme originel, à une unité de substance et de forme, où il n'y aurait plus de distinction à établir entre genres, espèces et individualités quelconques. Il en ressort encore que, le développement n'ayant pu se produire et ne se continuant qu'avec des éléments intrinsèques immanents à ce même *monon*, il y a, dans les manifestations de la nature, solidarité intime, la même solidarité qui s'observe entre les cellules d'un organisme vivant, entre les mailles d'un réseau. La vie est une : nous vivons les uns des autres, les uns par les autres. Dans la vie minérale, végétative, animale, cette solidarité, tout idéale qu'en soit le principe, n'apparaît encore que comme fait matériel; dans la vie de l'esprit, si, pratiquée d'instinct, elle commande aux mouvements du cœur chez les natures droites, elle est pour la saine raison inductive le vrai critérium philosophique de la morale. Qu'est-ce donc que la pitié, qu'est-ce bien que ce sentiment qui, par intuition, d'abord et avant toute induction, nous pousse à prendre part aux misères d'autrui et à les soulager dans la mesure de nos moyens? Si ce n'est pas la loi de nature que je viens de dire, loi de sacrifice de l'individu en vue de la conservation générale et du salut commun; s'il faut l'entendre à la façon de nos moralistes utilitaires, qui n'y voient, au bout du compte, que ce qu'y voyait La Rochefoucauld, une simple réaction du sens pratique, autant vaut dire que la solidarité n'est qu'une invention d'économiste, sans autre base que le groupement artificiel des intérêts particuliers en une sorte d'harmonimétrie sociale. Or, on a vu qu'il y a dans la solidarité universelle autre chose qu'une convention des hommes, d'où il suit que l'intérêt comme on l'entend, s'il peut légitimement constituer une base de droit civil et international, n'est pas celle de la rigoureuse justice; que, sans la *sympathie*, qui est au droit ce que la sève est à la plante, le souffle vital à toute organisation, il n'y a, dans la discipline des intérêts par la justice autrement comprise et pratiquée, que pur automatisme. Et par « sympathie » je n'entends pas seulement la *commisération* ou pitié, au sens lexique du mot ; j'entends autre chose encore, quelque chose de plus que le mouvement naturel qui nous intéresse aux malheurs d'autrui, la communion des esprits aussi bien que des cœurs, cette communion dans laquelle est la plénitude de la vie : *consummatio in unum*. Le mot paraît avoir une tournure religieuse, mystique même, que la critique rationaliste trouvera peut-être déplacé dans un travail comme celui-ci. Et pourtant, y en a-t-il un autre, qui, pris étymologiquement, rende d'une manière plus appropriée la haute signification que la science nous autorise à attacher au mystère de la vie ? A tous les points de vue, la vie, disons-nous, est une. Elle est si strictement une, que, en biologie, l'individualité, pour ce qui vit, respire ou se meut, n'est substantiellement rien par elle-même et n'existe que comme simple forme d'un substratum unique. Si l'on applique à la dénomination de Dieu ce que l'on peut rationnellement entendre par le principe général souverain, rien ne sera plus vrai que ces paroles de la communion eucharistique : « Ce n'est pas moi qui vis, mais Dieu qui vit en moi, — *Non ego vivo, vivit in me Deus !* »

Le véritable amour de soi-même, comme l'amour

de Dieu, c'est donc l'amour du prochain : « Si nous nous aimons les uns les autres, Dieu demeure en nous, et l'amour de Dieu en nous est parfait de la sorte : *Si diligamus invicem, Deus in nobis manet, et charitas ejus in nobis perfecta est* (1). » Je ne sais si, en proclamant que par la charité mutuelle on parfait en soi-même l'amour de Dieu, l'apôtre saint Jean a voulu dire ce qu'impliquent naturellement ses paroles. Dans tous les cas, qu'il en ait compris ou non toute l'étendue, il a énoncé une grande vérité. Un autre apôtre, saint Paul, n'est pas éloigné, non plus, de voir dans ce même amour du prochain en Dieu la plénitude de la vie. Au chapitre XII de sa première Épitre aux Corinthiens, il commence, en effet, par établir que toutes choses sont opérées en nous par le même Esprit, imparti dans chacun proportionnellement à ce qui se manifeste en lui ; que, de même que le corps individuel est un, quoique composé de plusieurs membres, de même, dans la société chrétienne, chacun est-il tenu pour un membre du corps divin, tous étant membres les uns des autres et formant ensemble le corps du Christ. « De sorte, ajoute-t-il, que, si l'un des membres

---

(1) *Epist. Joan. Apost.* I, c. IV, v. 12.

souffre, tous souffrent avec lui, et que, si l'un est glorifié, tous sont réjouis en lui. » Puis, au chapitre suivant de la même Épitre, voulant bien faire comprendre que l'amour n'est pas la charité comme on l'entend d'ordinaire, à la façon de l'utilitarisme, une simple association d'intérêts, mais une vraie synergie morale, il le définit ainsi : « Parlerais-» je toutes les langues des hommes et celles des » anges, si je n'ai pas l'amour (1), je suis comme un » airain sonnant ou une cymbale retentissante ; » aurais-je le don de prophétie, connaîtrais-je tous » les mystères, posséderais-je toutes les sciences, » aurais-je une foi à transporter des montagnes, si je » n'ai pas l'amour, je ne suis rien ; distribuerais-je » en aumônes tout mon avoir, livrerais-je mon corps » pour être brûlé, si je n'ai pas l'amour, rien de tout » cela ne me sera profit. »

Au fond de ces magnifiques paroles de l'Apôtre, voici ce que je vois :

Tout avantage de l'esprit qui n'est que personnel ; toute œuvre qui, pour si généreuse qu'on la suppose, tend à la glorification de la personne plus qu'à l'accroissement du bien général ; tout ce qui,

---

(1) ἀγάπη.

en un mot, sans me profiter exclusivement, ne profite pas dans la même mesure à l'ensemble ou m'abstrait de ce même ensemble pour me grandir à part; tout cela ne sert à rien en vue de la vie éternelle, qui est la vie de tous et de chacun dans une sorte de communion divine. En disant que tout passe, la faculté de prophétiser, les jouissances du savoir, comme les autres ; que seul l'amour ne périt point, —*charitas nunquam excidit*, — c'est bien de l'amour ainsi compris, comme sève de la vie universelle et éternelle, que saint Paul semble avoir voulu parler. Dans leurs *agapes* ou « fêtes de l'amour », qui n'étaient que la mimique de cette doctrine, les premiers Chrétiens montrèrent qu'ils ne l'entendaient pas autrement. Ces fêtes s'accompagnaient, en effet, de la communion eucharistique, dont le pain, comme la nourriture la plus commune, était le symbole le mieux approprié, et se terminaient par l'*osculum sanctum* ou « baiser sacré » : image de l'union intime de chacun et de tous dans le même principe de vie.

Que l'on ne croie pas, du reste, que ce soit le Christianisme qui ait créé l'agape dans le monde gréco-romain; il n'a fait que la continuer sur un autre terrain et sous d'autres formes. Les mystères payens l'avaient connue et pratiquée bien avant que l'Église chrétienne s'en appropriât le mérite : « Quel est, dit Juvénal, l'homme bon et digne de la lumière des mystères, tel que le prêtre de Cérès veut que l'on soit, qui pense qu'aucun des maux d'autrui lui soit étranger ? C'est là ce qui nous distingue du troupeau des bêtes (1). » Et cette agape, toute la philosophie, hormis celle de Démocrite, d'Épicure et de Lucrèce, la tenait, dans l'antiquité, pour une immanence de nature, indépendante de toute vue d'utilitarisme : « Tout ce que tu vois, tout cet ensemble à la fois divin et humain, a dit Sénèque, est un : nous sommes les membres d'un grand corps. La nature nous a faits parents ; elle nous a formés des mêmes éléments et pour les mêmes fins. C'est elle qui nous a donné cet amour mutuel qui constitue le bien social ; c'est elle qui a associé le droit avec le juste ; c'est sous la pression de son commandement que les mains se lèvent pour secourir. Que ce vers soit dans nos cœurs comme il est sur nos lèvres : *Je suis homme, et rien de ce qui touche l'hu-*

---

(1) . . . . . . Quis enim bonus et face dignus
Arcana, qualem Cereris vult esse sacerdos,
Ulla aliena sibi credat mala ? Separat hoc nos
A grege mutorum. . . . .

(Sat. XV, v. 140 et suiv.)

manité ne doit m'être étranger ! Nous somme nés pour quelque chose de commun (1). »

Mais qu'est-ce que le prochain ?

Dans son acception lexique, ce terme ne paraît désigner que la parenté immédiate, ceux qui nous touchent de près, les proches. Dans les différentes langues où son équivalent est employé, avec les mêmes applications que chez nous, il a d'abord signifié le voisin, l'ami, le *socius*, puis le compatriote, le coreligionnaire. En dehors de ces catégories, il n'y a eu longtemps que des ennemis ou des barbares, envers qui l'histoire nous montre qu'on ne s'estimait pas tenu à plus qu'aujourd'hui, dans nos milieux, envers les animaux. Ce n'est que bien tard, avec la fusion des races, des intérêts et des idées, que la désignation de prochain a été étendue à tout un genre de semblables, à l'humanité. L'évolution

---

(1) Omne hoc q... .l vides, quo divina atque humana conclusa sunt, unum est : membra sumus corporis magni. Natura nos cognatos edidit, quum ex iisdem et in eadem gigneret. Hæc nobis amorem indidit mutuum et sociabiles fecit ; illa æquum justumque composuit ;... ex illius imperio paratæ sunt juvantis manus. Iste versus et in pectore et in ore :
   Homo sum, humani nihil a me alienum puto,
      (Térence, *Heautontimorumenos*, acte I, sc. 1, 54.)
habeamus. In commune nati sumus. (Sen., Epist. XCV, 53.)

s'est arrêtée là, du moins dans nos sociétés les plus policées. Le Christianisme n'a pas dépassé cette limite, et il ne la franchira point ; son idée de la création, avec un Dieu en dehors de la nature, sans aucune intimité d'immanence avec son œuvre, s'y oppose d'une manière absolue. Entendue dans le large sens naturel où m'autorisait à la ramener l'évidence du principe qui en est la base, l' « agape », — ἀγάπη ou *charitas*, — des apôtres saint Jean et saint Paul ne serait donc pas orthodoxe : le prochain, pour le Chrétien, n'est que le Chrétien, et ce qui, dans l'humanité, avec le secours de la grâce et par suite de la prédestination, peut le devenir. Les damnés, qui ne vivent pas en Dieu, non plus que les animaux, à qui la vie éternelle aurait été refusée, ne sont pas le prochain : il n'y a point d'agape pour eux.

La loi de justice, telle que l'implique le principe intuitif auquel doivent être reportées les paroles apostoliques précitées et telle que la science inductive l'a révélée depuis, commande une « agape » infiniment plus étendue que l' « agape » chrétienne. Dans mes *Origines de la Religion* (1), j'ai émis les

---

(1) T. I, p. 25.

idées suivantes, auxquelles je n'ai rien à retrancher aujourd'hui :

« Je ne sais quelles sont les destinées futures des espèces animales, et je ne veux rien préjuger à cet égard, mais j'ai de la peine à me persuader que la Création ait dit son dernier mot pour tout ce qui n'est pas de la nôtre. Si les types ne sont point arbitraires, posés une fois pour toutes dans un moment de caprice; s'ils ont leur raison et qu'ils résultent de lois certaines, ces lois ne sauraient être que les modes nécessaires d'action et de réaction du milieu et du sujet l'un sur l'autre. Or, puisqu'on peut constater que l'action et la réaction se modifient réciproquement dans une vie individuelle, de la naissance à la mort, il y a lieu de conclure qu'elles se modifient pour l'espèce, comme il y a lieu d'affirmer aussi, d'après l'évidence des faits, que les aptitudes acquises, quand rien n'en contrarie le mouvement, se transmettent par héritage. Les formes animales peuvent rester extérieurement, du moins dans leur ensemble, à peu près ce qu'elles sont ou ne plier que d'un millième de degré par siècle sous l'influence croissante de besoins nouveaux; tout ce que je veux dire, sans vouloir encore ramener tous les types à un type unique et les faire dériver les uns des autres, c'est qu'il est possible, pour ceux qui existent aujourd'hui, en supposant des conditions de vie ordinaires, qu'un moment arrive où tel individu de telle espèce inférieure aura hérité enfin d'une aptitude organique suffisante pour lui permettre, avec un effort de plus, de distinguer l'a du b dans le livre ouvert devant lui et d'en entreprendre à son tour la lecture. De ce que l'animal est aujourd'hui ce qu'il paraît avoir toujours été dans l'Histoire, on n'est pas autorisé à inférer qu'il demeurera éternellement ainsi. Combien de temps a-t-il fallu à l'homme pour atteindre à la conscience? Depuis la période tertiaire, où l'on croit avoir découvert l'œuvre de ses mains, sinon son fossile même, il s'est écoulé des centaines de siècles de nuit profonde. Dans tous les cas, nous savons que, dès qu'il fut sorti de la vase fangeuse dans laquelle il croupissait, et qu'il eut été lancé sur un chemin uni et solide, il avança fièrement et ne tarda pas à laisser loin derrière lui ses anciens compagnons de chaîne. Si la loi du sacrifice, cette condition de toute vie, loi invertie pour la plupart des espèces animales en une condamnation qui les soumet à nos besoins naturels ou exagérés, ne devait pas être pour elles une loi de salut, comme elle l'est pour nous ; si l'homme seul était *glorifié dans le Père* commun par l'immolation de ce qu'il y a d'exclusif dans son individualité, j'aurais presque honte de cette partialité de la loi en ma faveur, quelque secrète qu'elle dût rester pour l'animal inconscient. Il y a, au bas de l'échelle des êtres, d'immondes reptiles qui fuiront longtemps encore la clarté du jour et dont il pourrait même être avantageux, dans telle situation générale donnée, que le commun réservoir de la vie cessât d'alimenter le germe ; mais, dans les degrés plus élevés, il y a aussi d'autres animaux, dont le regard attentif, l'oreille obéissante et le maintien vigilant semblent solliciter un rayon de lumière de plus. A ceux-ci rien ne paraît devoir interdire l'espérance. Peut-être l'ont-ils déjà ; peut-être, au fond d'eux-mêmes, en sentent-ils un léger frissonnement, prélude du désir et de la conscience ! »

Logiquement il n'y a pas plus de bornes à poser à l'« agape » que n'en comporte la vie, dont elle est le sel, le parfum et la saveur. C'est ce que, seule entre toutes les religions du globe, celle dont la base soit scientifique, le Bouddhisme, paraît avoir compris. Pour lui, le prochain est tout ce qui se meut et

respire : « Si vous demandez, dit Kœpen, à un dis-
» ciple de Bouddha : Qu'est-ce donc que le prochain ? Il vous répond : Tout ce qui vit! » L'amour universel, étendu à tous les règnes de la nature, aux plantes comme aux animaux, est, suivant les expressions de cet auteur, « le noyau positif » de la morale bouddhique, « le trait caractéristique » du Bouddhisme (1). Le Bouddha futur, *Mâitrêya*, doit en être la personnification : son nom, dérivé de *Mâitri*, qui signifie *amour*, « exprime, dit Burnouf,
» non pas l'amitié ou le sentiment d'affection parti-
» culière qu'un homme éprouve pour un ou plusieurs
» de ses semblables, mais ce sentiment universel qui
» fait qu'on est bienveillant pour tous les hommes
» en général et toujours disposé à les secourir (2). »
Aussi la première des vertus, la vertu cardinale par excellence, est-elle un exercice constant de la charité, et le plus grand des péchés, le péché capital, le meurtre de quoique ce soit qui ait vie. L'amour bouddhique, dit de son côté Wassiliew (3), « s'étend à tous les êtres vivants de l'univers ; il n'é-

---

(1) *Die Religion des Buddha*, t. I, p. 448.
(2) *Le Lotus de la bonne loi*, p. 300.
(3) *Der Buddhismus*, p. 124.

pargne rien de ce qu'il peut pour les servir; il leur sacrifie, non seulement son avoir et sa fortune, mais sa vie. Il y a plus : les légendes racontent que, dans ses existences antérieures, Bouddha se vendit pour aider son prochain, qu'il se donna même en pâture à des bêtes sauvages qui allaient mourir de faim. D'autres légendes disent de quelques-uns de ses disciples qu'ils s'étaient arraché les yeux pour remplir un vœu d'autrui, qu'ils avaient haché leur corps en morceaux pour nourrir des vers. »

— Si je rejette comme impie, attentatoire à l'idée de justice, la doctrine de la grâce bénévole et de la prédestination, je dois admettre le même droit à l'existence pour le ver de terre, au bas de l'échelle des êtres, que pour l'homme qui en occupe le sommet. Il y a, sous ce rapport, égalité proportionnelle, et c'est une philosophie rigoureusement exacte dans sa sublime extravagance que celle qui, par respect de ce droit, étend sur tout ce qui vit le devoir de l'agape. Dire que l'homme a droit de vie et de mort sur quoi que ce soit de ce qui se meut au même titre que lui, c'est nier pour tous autres que pour lui seul la légitimité de l'existence, c'est affirmer le droit divin de notre espèce ; c'est rétablir, dans la création, ce que la science en a extirpé, l'éternelle impuissance de la plupart des êtres qui participent à la même vie que nous, la servitude éternelle des uns et l'éternelle souveraineté des autres, le monde, en un mot, créé d'une pièce et une fois pour toutes. Or, ce droit de chacun à la part qui répond à des besoins qu'il ne s'est point donnés, à des besoins que la nature lui a faits, cette même nature le lui dénie; après en avoir agité devant les yeux de tous l'éclatant chatoiement, elle en réserve la jouissance pour quelques élus et repousse le reste avec une implacable ironie. Je l'ai dit dans la première partie de ce livre et je le répète ici, les animaux se trouvent placés par la nature dans un état permanent d'hostilité à l'égard les uns des autres, en ce sens qu'aucun ne saurait subsister sans occuper une place que mille autres tendent à lui ravir. Et comme à cette place l'un n'a pas plus de droit que l'autre, c'est à la force de décider qui l'aura. La force! Telle est bien la misérable loi de la fatalité évolutionnelle. On a donc eu raison de le dire, la nature, c'est la suprême injustice!

Mais il y a contre cette brutalité les réactions de la conscience, qui supposent en notre esprit, avec l'intuition plus ou moins développée de la justice absolue, autre chose que la notion de simple utilité sociale. Si l'idée du juste n'est pas en nous le reflet de l'immanence du principe commun de la vie, le nœud, par conséquent, qui maintient l'unité sans laquelle cette même vie ne serait pas; il faut renoncer à voir dans la justice autre chose qu'une convention, dans les droits et dans les devoirs autre chose qu'une discipline des intérêts, dans la vie, en un mot, autre chose qu'un conglomérat formé par le hasard et que le hasard perpétue. Or, sous aucun rapport, cela ne se peut; moi, du moins, je ne le puis; il n'y a pas — qu'on me permette cette figure, — une seule fibre de mon âme qui ne s'y refuse. Je persiste à tenir la vie, telle qu'elle se manifeste, pour une synthèse morale, non pour un conglomérat fortuit, et je dis que, s'il y a unité en elle, ce n'est pas comme dans le grain de sable un simple résultat du hasard, celui-là, mais comme dans le grain de blé, qui se meut et peut se développer sans fin, avec une idée à la base. Sans avoir besoin de recourir à l'explication arbitraire par l'harmonie préétablie, dans le sens d'une harmonie conçue et arrêtée en la forme de toute éternité, ce qui reviendrait à poser en principe la prédestination, on peut affirmer comme éternelle et immanente à la vie générale une harmonie potentielle se développant dans la nature : *harmonica ratio quæ cogit naturam sibi ipsam congruere* (1). Or, la condition de cette harmonie, de la vie, par conséquent, c'est la justice. C'est par la passion, le zèle et la pratique du juste, comme élément nécessaire de réaction, que nous luttons et devons lutter, si nous voulons vivre de la vie générale, la seule vraie, parce qu'elle est seule éternelle, pour y effectuer la plus grande somme d'harmonie ou, en d'autres termes, le plus de réalité vitale possible.

Le Mazdéisme et plusieurs doctrines gnostiques des premiers siècles chrétiens, entre autres le Manichéisme, symbolisèrent cette lutte par l'antagonisme de deux principes rivaux, issus l'un et l'autre du fractionnement de l'être absolu indéterminé. Le Gnosticisme a eu, cependant, sur l'Iranisme un avantage philosophique marqué. Au lieu de diviser la création en un double courant, soit, d'un côté, les produits utiles à notre espèce et, de l'autre, les produits, minéraux, plantes et animaux, qui lui sont nuisibles ; au lieu d'imaginer deux créateurs différents, l'un, Ahoura-Mazda (Ormuzd), pour les premiers, et l'autre, Agho-Maynius (Ahriman), pour

(1) Pline, l. II, c 113.

les seconds, et de subordonner, à l'exemple de Zoroastre, la date de la création ahrimane à celle de la création mazdéique, comme son réactif, les Gnotiques anti-jéhoviques englobaient la création dans un même anathème et en faisaient l'œuvre de Satan. Dans l'un comme dans l'autre système, le bien doit finir par l'emporter, la création s'idéalisant, pour le Mazdéisme en Ormuzd, et pour le Manichéisme dans le règne surnaturel du Christ. Mais, dans cette dernière doctrine ou, du moins, dans une de ses variantes, la réaction est celle du bien contre le mal, tandis que, dans la première, c'est la réaction du mal contre le bien, la défense au lieu de l'attaque. Le Christianisme orthodoxe penche beaucoup, sous ce rapport, du coté de l'Iranisme. La Genèse enseigne que, lorsque Dieu eut créé le monde, il trouva que tout était bien : *et vidit quod esset bonum*. Ce n'est que plus tard, à la suite de l'invasion des idées persanes, qu'on songea à faire du Diable l'auteur du mal, un agent, sinon un principe de réaction contre l'œuvre divine.

En dépouillant le Gnosticisme de ses oripeaux mythologiques, pour ne le considérer que dans la nudité abstractive de ce qui en est l'âme, on demeure frappé de la ressemblance qu'il offre, dans sa conception du monde, avec l'explication philosophique qui ressort de l'étude de la nature. Non, le monde n'est pas, dans son extériorité temporelle, quelque chose de bon ; il ne le devient progressivement que par la réaction du principe d'harmonie immanente qui se développe en lui, et il ne le sera tout à fait, si jamais il doit l'être ainsi, qu'au bout d'une évolution continuée au delà de l'existence présente, avec des éléments développés de cette vie, il est vrai, mais dont l'expansion ultérieure cesse, à un moment plus ou moins reculé, d'y être possible. Il n'y a pas ici-bas et il n'y aura jamais, dans les limites où notre monde est condamné à se mouvoir nécessairement, quelque étendus que l'on suppose les progrès à venir, de conditions telles, que l'harmonimétrie générale puisse s'y réaliser, et tout tenus que nous soyons de travailler, chacun pour notre part et dans la mesure de nos forces respectives, à en aider et accélérer le mouvement de divine effectuation, ce ne peut pas être pour cette vie exclusivement que nous ayons à en espérer la consommation parfaite : les éléments, comme je le disais plus haut, n'y sont pas et y feront toujours plus ou moins défaut.

Nous avons vu, dans la première partie de ce travail, et il doit demeurer établi que la justice, — qui se résume au *minimum*, en tant que principe absolu, dans le respect du droit proportionnel de chaque être à la part d'existence qui lui a été faite, — est inconciliable avec les exigences de la nature ; que le mal n'est point quelque chose d'accidentel, mais de réellement fatal, la prédestination ou sélection arbitraire, sans égard pour ce droit, restant à jamais l'inflexible et inexorable loi de la vie terrestre ; que, en conséquence, le bonheur n'est réalisable que d'une manière très partielle, très restreinte, presque toujours, du reste, au préjudice d'autrui, et que tout idéal politique, social, humanitaire, du bonheur pour tous, si l'on en exclut l'évolution de l'être avec d'autres moyens et dans d'autres conditions, est une pure chimère, une duperie ; que, en un mot, hors de cette donnée, le succès est seul autorisé à dire qu'il a raison, d'où qu'il vienne.

De ces choses et de leur incompatibilité absolue, je ne dirai pas seulement avec l'idéal, mais avec la pratique de la justice comme principe de péréquation proportionnelle des droits et des devoirs de la vie, il ressort que, si le combat pour l'existence individuelle est un fait de nature, une fatale *ananké*, il implique la nécessité et le devoir d'une lutte de réaction, ce que j'appellerai le combat pour la vie de l'ensemble, d'où

la vie de chacun tire tout ce qu'il y a de potentiel en elle, et dont l'agape est le lien; que la justice a sa base première dans un ordre opposé à celui que manifeste le combat pour l'existence, et que, par conséquent, sans la foi en cet ordre éternel et en la commune pérennité de la vie de tous et de chacun, sans la réaction de cette foi contre la fatalité naturelle, tout, dans ce monde, n'est que mensonge, et il n'y a plus qu'à répéter avec la prophétesse du néant et de la désespérance, madame Ackermann : « Je ne dirai
» pas à l'humanité : Progresse; je lui dirai : Meurs;
» car aucun progrès ne t'arrachera jamais aux mi-
» sères de la condition terrestre (1). »

Eh bien! non, ce n'est pas là ce qu'il faut dire à l'humanité. Il faut lui dire : « Vis, travaille et progresse; la délivrance et le salut, où tu aspires, sont à ce prix. » Et puisque le but suprême de la vie, ni l'humanité ni le reste de la création ne peuvent ni ne doivent compter l'atteindre jamais ici-bas, il faut lui dire encore, dire à tous et nous dire à chacun de nous : « Espérons ! » Mais, le travail, c'est la lutte; et la lutte, dans les limites du droit, de la justice, comme base du devoir, c'est fatalement, sur cette

(1) *Pensées d'un solitaire.*

terre, la souffrance ! Eh bien ! que la souffrance soit bénie, et que béni soit aussi Celui qui en a élevé si haut le douloureux mystère par ces divines paroles : « Bienheureux ceux qui ont faim et soif de la jus- » tice ; bienheureux ceux qui souffrent persécution » pour elle ; bienheureux les pauvres qui savent être » pauvres; bienheureux ceux qui pleurent ! » En ajoutant : « Le royaume des cieux est à eux, et ils » verront Dieu », le sermon a donné à cette glorification de la souffrance la seule sanction qu'elle comporte, une sanction qui implique, du reste, avec la donnée même de la justice éternelle, telle que je viens de la définir, celle de la vie générale, dont la justice est le lien et qui, sans cela, serait la plus creuse des hypothèses.

A la suite de ces suprêmes consolations aux déshérités de ce monde, le sermon a ces dures paroles : « Malheur à vous, riches, parce que vous avez votre » contentement ; malheur à vous qui êtes saturés, » parce que vous aurez faim ; malheur à vous qui riez » maintenant, parce que vous pleurerez ! » Il est possible que Jésus ait réellement voulu anathématiser la richesse et la jouissance en elles-mêmes. On peut le supposer de la part de celui qui a dit ailleurs qu'il était « plus facile à un chameau (ou un câble) de passer par le trou d'une aiguille qu'à un riche d'entrer dans le royaume de Dieu (1) ». On peut aussi admettre qu'il ne les a anathématisées que comme termes d'appropriation individuelle exclusive, de ségrégation à part de la masse générale, en dehors de la communion qui doit relier pour l'éternité toutes les portions de la création en un faisceau divin, en une harmonie universelle. Si c'est là ce qu'il a voulu dire, s'il n'a voulu que subordonner la recherche du bien-être à une fin d'ensemble, nous nous approprions volontiers ses paroles. Malheur aux riches, dirons-nous donc à notre tour, mais aux riches qui ne le sont que pour eux ; malheur aux gorgés de jouissances, mais qui ne jouissent que pour jouir ; malheur à ceux qui rient quand d'autres qu'il leur serait possible et facile de consoler pleurent à côté d'eux ! Tout ce monde ne verra pas Dieu ; pas de vie éternelle pour lui ; il n'a vu qu'en lui-même et en lui seul le terme de son évolution, et cette évolution se terminera comme il en aura conçu et pratiqué la formule.

Tel nous paraît être le sens que comporte philosophiquement le magnifique sermon sur la Montagne.

(1) Matth., IX, 24 ; Luc, XVIII, 25.

Reprenons maintenant une autre forme d'argumentation.

Si, comme je l'ai dit, la rigoureuse application de la justice est absolument impossible ici-bas, étant donnée la nécessité, pour y vivre d'une vie individuelle, de subordonner le droit à la force dans tout acte animal, ce n'est pas la sensibilité seule qui, affectée de cette inexorable loi, soit condamnée à en souffrir ; l'intelligence y a aussi sa part de douleur. Étymologiquement, l'intelligence est la faculté de saisir et de lier en nous toute objectivité ; pour trouver, selon l'expression des moralistes anglais, « parfait ajustement à sa fonction ou à son milieu », elle doit nécessairement tendre à l'universalité ; ce qui est universel peut seul en exciter l'exercice et la satisfaire : « Quand je fais usage de mon intelligence, dit M. Alfred Fouillée (1), je fais par cela même abstraction de mon *moi* et de ma sensibilité personnelle ; je ne vois plus de raison *objective* pour que mon bonheur soit préférable à celui des autres ; je ne vois à cela que des raisons subjectives, raisons de pure sensibilité, dont l'intelligence a précisément pour tâche de faire abstraction. Tant qu'il reste devant

(1) *Critique des systèmes de morale contemporains*, p. 18.

ma raison un être privé de bonheur, elle n'est pas satisfaite dans sa tendance à l'universalité ; pour que je sois vraiment heureux en tant qu'être raisonnable, il faut que tous les autres êtres soient heureux. » Cela est exact et bien dit. Mais, si, comme le dit également très bien M. Spencer, le but suprême, le terme de l'évolution morale de l'être est effectivement l'harmonie finale de tous les bonheurs, reconnaissons que, ce but ne pouvant être atteint sur la terre à aucun moment imaginable possible, avec les lois qui gouvernent le monde et le doivent fatalement gouverner tant que les siècles dureront, il n'y a pas plus pour l'intelligence que pour la sensibilité épurée de satisfaction réelle à espérer jamais. Comme, d'autre part, l'appétence et le vouloir de cette généralisation du bonheur augmentent et croissent en nous à mesure que la sensibilité et l'intelligence se développent, il en résulte que l' « ajustement à la fonction » et, conséquemment, la satisfaction deviennent d'autant plus difficiles que nous avançons davantage dans la voie de notre progrès. « La facilité à être impressionné par la douleur, a dit très justement Schopenhauer, augmente à mesure que s'élève le degré d'intelligence, de sorte que c'est dans l'intelligence la plus élevée que la douleur atteint son *summum* (1). » Aristote en avait fait la remarque longtemps avant : « Tous les hommes qui ont excellé soit en philosophie, soit en science politique, en poésie ou dans les arts, avait-il dit lui-même, ont été des mélancoliques (2). » Si, comme on l'enseigne généralement aujourd'hui dans nos écoles, le génie, que nous tenons, nous, pour une épuration élevée de la sensibilité et de l'intelligence, pour une irradiation souveraine, quand il est complet, n'est qu'une névrose, ainsi que s'exprime M. Moreau de Tours, ou un état de l'esprit correspondant à des troubles de sensibilité psychique, par conséquent un état maladif, suivant la plupart de nos médecins, qu'est-ce donc que l'état normal, sinon la vulgarité, le terre-à-terre, tout au plus le *philistéisme* bourgeois ? Il est vrai que c'est là l'état heureux!

Ainsi donc, les chances de félicité, contrairement à ce qu'on devrait espérer de l'évolution, sont en raison inverse du travail et du mérite. Il n'y a pas de bonheur possible sur la terre pour l'homme de génie, pour celui qui, doué d'une sensibilité et d'une intelligence supérieures, a l'idée du *tout* et l'entière cons-

---

(1) *Aphorismes*, chap. II, *La douleur*, etc., note.
(2) *Probl.*, 30, 1.

cience de ses rapports avec l'ensemble universel. De ces faits il ressort que, si l'évolution doit être circonscrite à la vie de ce monde, il n'y a pas plus d'intérêt pour la société que pour l'individu à développer des facultés dont l'élargissement est une cause de déception et de misère morale; que, le désir du bien-être étant un leurre, l'espérance de la félicité une duperie, Rousseau aurait eu mille fois raison en disant à la société élégante et raisonneuse de son temps, comme il aurait pu le dire à celle de toutes les civilisations : « Un sauvage, un homme à demi brute est plus sage et plus heureux que vous ! »

M. Spencer a formulé ce principe, à savoir : que le terme idéal de l'évolution naturelle doit être tenu pour la règle également idéale de la conduite considérée au point de vue moral. Et comme le terme de cette évolution, pour l'homme, est, selon lui, la vie sociale, il en tire cette conclusion : « L'homme idéal peut être conçu comme constitué de telle sorte que tout ce qu'il y a d'activité spontanée en lui se trouve d'accord avec les conditions résultant du milieu social formé d'autres êtres semblables à lui. » Un moraliste français déjà cité, M. Alfred Fouillée, estime, avec plus de raison et plus de philosophie vraie, que l'on peut et doit aller dans cette voie plus loin que MM. Spencer et Darwin. « Les lois les plus élevées de l'évolution humaine, dit-il, sont-elles seulement celles qui assurent le perfectionnement et la félicité de la société humaine? L'homme n'étend-il pas son idée, son désir de perfectionnement et de bonheur à tous les êtres sentants et même aux autres êtres qu'il voudrait appeler à la sensation, en un mot à l'univers?... Un être doué, comme lui, de raison, capable de science, capable de concevoir des lois valables pour le monde, n'a plus seulement pour milieu la société de ses semblables; il a le monde entier... L'homme est le seul être qui, ayant l'idée du tout et le désir que le tout soit heureux, vive intellectuellement et moralement dans l'univers ; les autres n'y vivent que physiquement; il est le seul être à nous connu en qui le monde semble enfin trouver une conscience pour se concevoir. Dès lors, de ce point de vue cosmologique, il est permis de croire que la vraie loi pour l'homme doit être l'adaptation universelle, non plus seulement sociale ou individuelle. La société humaine n'est elle-même qu'un symbole d'une société supérieure, d'une unité embrassant l'univers (1). »

(1) Ouvrage cité, p. 32.

Où nous arrivons par une voie purement scientifique, par la nécessité qu'implique l'évolution naturelle, Kant était arrivé avant nous par un autre chemin. De ce que le rapport nécessaire entre la morale et le bonheur n'a pas lieu sur cette planète, il concluait logiquement qu'il fallait qu'il y eût un autre monde. Dans la *Critique de la Raison pure*, il va jusqu'à ne reconnaître à la morale d'autre base, d'autre sanction que celle-là : « La raison, dit-il, se voit forcée d'admettre un Dieu, avec un monde intelligible, que nous devons considérer comme futur, ou de tenir les lois morales pour de vaines chimères, puisque la conséquence nécessaire que cette même raison lie à ces lois tomberait sans cette supposition. Aussi chacun regarde-t-il les lois morales comme des commandements, ce qu'elles ne pourraient être, si elles ne rattachaient *à priori* à leur règle les conséquences que cette règle comporte, et ne renfermaient en elles des promesses et des menaces. Or, c'est ce qu'elles ne pourraient faire, si elles ne reposaient sur un être nécessaire, comme souverain bien (1). » A ne prendre que la lettre de ce raisonnement, on devrait le croire en contradiction

---

(1) *Critik der reinen Vernunft*, 5ᵉ édit., 1799, p. 839.

avec toute la philosophie de son auteur. Kant, en effet, quelques lignes plus haut, après avoir dit que le bonheur n'est rigoureusement conciliable avec la morale que dans un monde intelligible, monde d'au delà, ce qui est notre conclusion à nous, ajoute immédiatement : « Sous un sage créateur et directeur. » Par cette réserve, le philosophe de la pure raison semble replacer le monde sous le contrôle d'une Providence qui, après l'avoir tiré du néant, en dirigerait l'évolution à sa volonté. Ce serait l'harmonie préétablie, avec ses conséquences, la prédestination et la grâce, que l'on devrait nécessairement tirer de ces paroles. On devrait aussi admettre que Henri Heine, en persiflant l'auteur de semblables contradictions, n'a pas ri tout à fait à tort, quand il a dit plaisamment : « Il faut bien que le vieux Lampe (1) ait un Dieu, sans quoi point de bonheur pour le pauvre homme. Eh bien, soit ! que la raison pratique garantisse donc l'existence de Dieu. Et c'est en raisonnant ainsi, que Kant distingue entre la *raison théorique* et la *raison pratique;* que, à l'aide de celle-ci, comme avec une baguette de magicien, il ressuscite le Dieu que la raison théorique

---

(1) C'était le domestique de Kant.

avait tué (1). » Mais comme, d'autre part, tout en admettant un Dieu personnel et provident, il se garde bien de faire de cette idée le point de départ de la morale, ce qui revient à dire qu'on peut très bien se passer d'un Dieu ainsi catégorisé pour expliquer le bien et le mal, on ne saurait voir dans le « sage créateur et directeur » dont il parle qu'un Dieu de la façon des divinités olympiennes, quelque chose, tout au plus, dans le genre du Zeus des Stoïciens. Du reste, en établissant que l'immortalité est une conséquence rigoureuse du rapport qui doit exister, et qui ne le peut que dans une vie ultérieure, entre la morale et le bonheur, il en a élevé l'idée au-dessus de toute considération d'ordre théologique, il a constitué la morale à l'état indépendant, ou, suivant sa terminologie, à l'état d'impératif catégorique; et en y rattachant cette même immortalité comme une sorte de complément régulateur, il a évidemment compris par là quelque chose de plus que ce qu'il entend, dans sa raison pratique, par la sanction du « sage créateur et gouverneur ». Il y a même, dans ses *Rêves d'un visionnaire*, des paroles en si parfait accord avec notre

(1) H. Heine, *De l'Allemagne*.

théorie de l'évolution, qu'on les croirait inspirées d'un souffle identique : « La moralité des actes, dit-il, ne peut jamais, *d'après l'ordre de la nature*, avoir sa complète effectuation dans la vie corporelle, mais ne l'acquiert que dans le monde des esprits, avec des lois pneumatiques (1). »

Quoi qu'il en soit, donc, des contradictions apparentes ou réelles du grand penseur, concluons de l'exposé qui précède que, nos actes tirant leur pleine moralité de leur adaptation à la fin générale, au terme de l'évolution naturelle ou dans un cours de cette évolution autrement approprié que celui de l'état présent, ce ne peut être que dans d'autres conditions de vie que s'en trouve la vraie consommation ; que, par conséquent, à moins de supposer que l'idéal ne soit qu'une tentation dangereuse qu'il faille repousser de toutes ses forces, l'ignorance, le néant intellectuel et moral, au contraire, un état plus heureux et plus sage, le motif suprême, la raison dernière et souveraine sont ailleurs qu'ici-bas, et que de toutes les formules de conduite la plus légitimement autorisée est encore celle-ci : Travaillons en vue du but général et espérons !

_____
(1) *Träume eines Geistersehers*, c. 2.

IV

L'Idéal n'est-il, comme l'enseigne et se trouve condamné à le professer le matérialisme logique, qu'une illusion décevante de l'esprit ? Si comme, d'autre part, le dit un poète allemand cité par M. de Hellwald, la vie n'est elle-même qu'une erreur, la mort, au contraire, la vérité, —

« *Nur der Irrthum ist das Leben,*
Und das Wissen ist der Tod, »

l'idéal ne doit être, lui aussi, qu'une chimère.

« L'erreur, dit le savant apôtre du néant, est indis-
» solublement liée à l'esprit humain ; le travail mental
» du cerveau est le même pour penser faux que
» pour penser juste. Il ne faut donc pas espérer de
» voir jamais l'erreur disparaître de l'histoire de l'hu-
» manité ; elle peut prendre toutes les formes d'un

» Protée, mais elle a toujours été, est et sera tou-
» jours. Cette erreur, erreur nécessaire, c'est l'Idéal.
» L'esprit humain a devant lui, dans la nature, une
» échelle de degrés en tous sens, et il faut qu'il
» marche ; il ne peut rester en place ; il faut qu'il
» sorte du vu et du connu, qu'il imagine quelque
» chose de parfait, qui ne puisse être dépassé. De là
» naît l'idée de la perfection, qui, appliquée au temps
» et à la durée, produit l'idée de l'infini... De même
» que c'est un besoin de l'organisme physique de
» respirer, de prendre de la nourriture ; que l'homme
» s'assimile et digère la nourriture prise, sans que
» l'idée et la libre volonté y soient pour rien, en vertu
» de lois naturelles agissantes ; de même encore que
» son organisme spirituel ne peut s'empêcher de
» former des images, de juger, de conclure ; de même
» aussi sommes-nous poussés forcément à nous
» figurer toutes choses dans leur idéal, dans leur plus
» haute puissance, à un degré élevé, que nous le
» voulions ou non, en conséquence d'une loi de na-
» ture intérieure inexorable. Cette tendance à exhaus-
» ser, cette faculté d'idéalisation doit finalement
» trouver sa satisfaction et des limites, c'est-à-dire
» que l'homme atteint enfin à un idéal de tous les
» idéaux, au plus parfait de tous les êtres, au delà

» duquel il n'y a plus d'idéal à poursuivre. La forme
» affectée par cet idéal suprême dépend naturelle-
» ment du degré de culture du moment. Depuis le
» fétichisme le plus grossier jusqu'au culte d'un
» esprit universel absolu, depuis l'humble croyance
» à l'aventure du charbonnier jusqu'à la conception
» cosmique la plus épurée, il y a une longue série
» d'idéaux divers graduellement échelonnés, qui tous
» sont des dieux pour un degré donné de culture,
» c'est-à-dire que nous sommes semblables à l'Es-
» prit que nous concevons, et aussi que nous ne
» concevons que l'Esprit auquel nous sommes nous-
» mêmes semblables, ce qui signifie, en d'autres ter-
» mes, que les dieux sont créés à l'image des hommes
» qui ont dû fatalement les produire en vertu de leur
» puissance d'idéalisation. L'Idéal ou la Divinité que
» l'homme se fait est donc une mesure certaine de
» son degré d'éducation morale, et l'histoire reli-
» gieuse d'un peuple l'histoire même de sa culture
» spirituelle (1). »

Il y a près de vingt-cinq siècles que Xénophane a dit que les dieux n'étaient que des images de nos caprices ; que, si les bêtes savaient s'exprimer, elles

---

(1) *Culturgeschichte*, p. 30

les feraient semblables à elles comme l'homme les a faits semblables à lui. Moins de deux siècles plus tard, il y a vingt-trois siècles, Protagoras, donnant à cette même pensée la forme philosophique, dit que, l'homme étant la mesure de toutes choses, les dieux ne sauraient être que ce que nous les faisons, d'où il conclut que nous ne pouvons savoir ni comment ils sont réellement ni comment ils ne sont pas.

Et, en effet, quel que soit Dieu en lui-même, εἴθ' ὡς ἔστι εἴθ' ὡς οὐκ ἔστι, pour me servir des termes mêmes du philosophe abdéritain, il n'est, relativement à nous, qu'en raison des moyens que nous avons de le saisir. Or, comme il ne peut être appréhendé directement et que l'autorité extérieure n'ajoute rien à la nature de notre perception à cet égard, il est bien évident que notre capacité constitue scientifiquement toute sa compréhension. Ici le contenant détermine la mesure du contenu. En tant que notion, Dieu répond, par conséquent, à la situation même de l'entendement humain. M. de Hellwald a donc raison de dire que nous ne concevons que l'Esprit auquel nous sommes semblables, et de conclure que, les dieux étant créés à l'image des hommes, l'Idéal ou la Divinité que l'homme se représente est la mesure même de son degré de culture. Il n'y a, du reste, rien de neuf dans cette formule qui remonte, ainsi qu'on vient de le voir, à plus de vingt-trois siècles. Mais de ce que l'idée change de forme, suivant les modifications des milieux et l'évolution naturelle de l'esprit, faut-il conclure que ce qui en sollicite le mouvement n'est rien, et que la force qui la pousse et l'entraîne s'agite dans le vide? Si une virtualité, de quelque ordre qu'elle soit, physique ou moral, n'est pas déterminée en ses manifestations par un objectif relativement adéquat à l'effet produit, il faut dire que l'action peut s'engendrer et s'entretenir d'elle-même, ce qui revient à faire du mouvement perpétuel le principe de la réalité. Sous le rapport physique, il n'y a rien, dans nos cinq sens, qui ne réponde à un objet et n'ait même été sollicité et déterminé par lui en leur plasticité. Ce n'est point parce que nous voyons, qu'il y a des choses visibles; parce que nous entendons, qu'il y a des sons; parce que nous sentons, qu'il y a des odeurs; parce que nous touchons, qu'il y a des corps tangibles; parce que nous goûtons, qu'il y a des saveurs! Ni la vue, ni l'ouïe, ni l'odorat, ni le tact, ni le goût, tout en spécifiant l'objet de la sensation, n'en déterminent la réalité extérieure. Et ce qui est vrai dans l'ordre physique l'est aussi dans l'ordre moral. Concluons donc que, pour n'être point catégorisable comme tel, l'infini n'en est pas moins la grande idéalité prosagogique déterminative du devenir ; — que, si les systèmes, dogmes et formules quelconques qui le circonscrivent peuvent être emportés par le courant morphologique évolutionnel, la puissance de l'idée qui se meut en eux, tout abstraite qu'elle paraisse, n'en est pas non plus moins effective, et que, par conséquent, l'idéal, loin d'être un mensonge, est l'éternelle vérité, le principe même de la vie dans toutes ses manifestations.

Dans un très remarquable discours qu'il prononçait naguère à l'Académie de médecine, séance annuelle du 19 mai 1885, M. le Dr Béclard parlait ainsi de l'Idéal : « A moins de nier résolument tout ce qu'on ne peut ni voir ni toucher, ce qu'ont toujours évité de faire les adeptes les plus qualifiés du positivisme, il faut bien admettre un domaine réservé, inaccessible aux méthodes expérimentales des sciences objectives. Le savant est semblable au navigateur : à mesure qu'il avance à la recherche de l'inconnu, l'impénétrable horizon se reforme sans cesse devant lui. Sans doute on peut déclarer inaccessible toute autre réalité que la réalité sensible, mais c'est en vain qu'on prétend imposer pour limites à l'ensemble des choses les servitudes de notre sensibilité. Si personne n'a vu le pur esprit, personne non plus n'a vu la pure matière. « Il importe, » a dit Claude Bernard, « de séparer la physiologie des grands problèmes qui tourmentent l'esprit humain ; leur étude relève de méthodes absolument différentes » ; et sur un fragment manuscrit écrit de sa main, nous lisons encore : « La science ne saurait rien supprimer ; le sentiment n'abdiquera jamais : il sera toujours le premier moteur des actes humains. »

A notre tour nous dirons : « L'intervention du surnaturel dans l'ordre si admirablement réglé des réalités tangibles n'est qu'une conception primitive et provisoire qui disparaît peu à peu à mesure que l'humanité s'instruit et s'éclaire. Quant à l'idéal, qu'il ne faut pas confondre avec le surnaturel, il n'a de place nulle part dans la nature, et cependant il gouverne le monde : il est l'infiniment grand et l'infiniment petit, aussi insondables l'un que l'autre ; il est l'infini de la durée, que nous ne pouvons concevoir qu'en l'ajustant à la mesure de notre vie et à la longueur de nos jours ; il est le sentiment de la mesure, de la proportion et de l'harmonie, c'est lui qui inspire les chefs-d'œuvre de l'art ; il est l'amour, cet immortel magicien, qui égare aussi bien la raison du philosophe que l'imagination du poète ; il est ce que la nature humaine comprend, sent, admire et aime par-dessus tout ; il est le dévouement et le sacrifice ; c'est par l'idéal que notre espèce s'élève au-dessus de l'ensemble des êtres qui l'entourent, hiérarchie farouche et sans pitié, où la lutte pour la vie ne désarme jamais, aristocratie sauvage qui ne reconnaît d'autre loi que la force. »

Suivant la philosophie védique, « la réalité véritable, c'est l'esprit ; le monde, lui, n'est qu'une succession de vaines apparences (1). » Dans la mythologie hindoue, cette succession de réalités qui n'en sont pas constitue la création, qui est l'œuvre de Maya, la mère de l'illusion. Au fond, cela revient à nier, non pas seulement la vérité de la matière, mais celle même de l'idée ; car, s'il n'y a rien de conceptible, rien de saisissable, rien d'actuel, par conséquent, qui n'ait une modalité, il ne saurait non plus y avoir de modalité sans une idée qui la détermine. J'ai défini la matière un mode de la force, comme Leibnitz avait dit qu'elle en est l'expression, ajoutant que la force est le mode d'action de ce qui seul est persistant. Qu'on dise de la force qu'elle est un mode

---

(1) *Bhagavat-Pourana*, IV, 29-36.

de la matière, — ce qui n'est point, je crois l'avoir démontré, — la conclusion à tirer, dans l'état où je pose la question, n'en demeure pas moins la même : ni substance sans modalité, ni modalité sans substance. De là il ressort que la substance et le mode, de quelque côté qu'on place la substance et où qu'on mette le mode, sont bien les deux pôles d'un même *monon* originel, d'un *monon* où de réduction en réduction finissent par disparaître, comme distinctifs conceptibles, ces deux éléments du processus évolutionnel de la vie. Qu'est-ce donc que l'esprit, qu'est-ce que la matière, dans l'ordre de corrélation où ils se meuvent de concert ? Non pas de vaines apparences, comme le prétend le Védisme, mais de réelles manifestations d'un déterminatif qu'ils catégorisent et qui est bien, par conséquent, un Idéal plasmateur.

La figure du monde passe, a dit l'Apôtre : *prœterit enim figura hujus mundi* (1). Les formes matérielles, a dit en d'autres termes Leibnitz, n'ont pas de stabilité. Faut-il conclure de là, avec saint Paul, que ce qu'il y a de plus sage soit de renoncer à toute sollicitude et d'user de la vie comme n'en usant

(1) I Cor., VII, 31.

point ? Non, il ne faut point tirer cette conclusion ; parce que la figure du monde passe, il ne faut pas dire qu'elle n'est qu'une illusion vaine et trompeuse, indigne de tout attachement ; car ce serait se détacher aussi de ce qui ne passe point et qui, sans elle, n'aurait rien d'effectif; ce serait, à l'exemple du poète allemand cité en tête de ce chapitre, professer que la vie n'est que mensonge, la mort seule une vérité. Oui, la figure du monde passe ; mais il y a, comme je viens de le dire, quelque chose qui ne passe point et dont ce qui passe n'est que le masque ou l'ombre.

En généralisant le *monon* originel comme je viens de le faire, je donne à ce mot un sens autrement étendu que celui qu'il a dans la doctrine monistique proprement dite. Telle que la définit Hæckel, la doctrine monistique ou mécanique est celle qui enseigne que les phénomènes de la vie humaine, comme ceux du reste de la nature, sont régis par des lois fixes et immuables, ce qui nous paraît scientifiquement démontré; qu'il y a partout entre les phénomènes en question un lien étiologique et que, par suite, l'ensemble universel accessible à nos moyens d'investigation forme un tout unitaire, un *monon*, ce qui nous semble de même tout aussi solidement établi. Nous croyons également, avec M. Hæckel, que, en thèse générale, il n'y a pas lieu d'accepter la distinction dualiste entre la nature et l'esprit; qu'il y a un esprit dans toute la nature et qu'un esprit hors de la nature ne se conçoit pas (1). Mais, bien que nous repoussions, avec lui encore, les causes finales dans le sens d'une harmonie préétablie, nous estimons que les phénomènes naturels ne sont pas dus exclusivement à des causes mécaniques; car, faire du mécanisme un principe, c'est faire de ce qui n'est que conditionnel la cause effective, c'est dire que le fil électrique n'est pas seulement conducteur de l'électricité, mais qu'il en est le producteur. Entendu comme l'entend l'école en question, le Monisme n'en est un que matériellement, et c'est à tort qu'elle se défend d'être matérialiste; *monistiquement*, pour employer son expression, elle n'est que cela. Si, en effet, l'exclusion du dualisme de principe, à laquelle nous adhérons, ne s'applique aussi bien au côté matériel de la nature qu'à son côté spirituel; si, par conséquent, on ne pose comme antérieure à cette distinction l'irréductibilité que nous avons dite, on a beau se

(1) *Anthropogénie*, XVI.

défendre de n'être ni spiritualiste ni matérialiste, on est l'un ou l'autre ou tous les deux ensemble, c'est-à-dire dualiste, tout en proscrivant le dualisme. Il n'y a, en conséquence, d'unité primordiale ou *monon* conceptible que dans l'état d'irréductibilité abstractive, dont le concept, dans les manifestations de la nature, esprit aussi bien que matière, est l'être de ce qui paraît être.

Du fait de cette unité absolue irréductible, qui est le point de départ et le fondement de toute vie, objective et subjective, il ressort que, si ce qui paraît être ne peut paraître que divisé, ce qui est ne peut être qu'indivis, et que, par conséquent, la vie principielle de chacun est une vie de tous, l'être demeurant comme tel identique à lui-même dans la variété de ses manifestations : ἕν ἐν τῷ ποικίλῳ. Plutarque, dans son traité sur le *Ei* (1), prête ces paroles à son maître Ammonius : « Il faut que ce qui est soit un et que un soit ce qui est. » Cette conclusion, qui est rigoureusement logique, Ammonius la tire des prémisses suivantes : « Nous disons au Dieu : *Ei*, c'est-
» à-dire : *Tu es*, lui baillant la vraye et nullement
» fausse appellation et titre qui à lui seul appartient

(1) C. 20.

» d'estre. Car, à le bien prendre, nous n'avons au-
» cune participation du vrai estre, pour ce que toute
» humaine nature est toujours au milieu entre le
» naistre et le mourir, ne baillant de soi qu'une
» obscure apparence et ombre et une incertaine et
» débile opinion. Et si d'aventure vous fichez votre
» pensée à vouloir prendre son estre, ce sera ne
» plus ne moins que qui voudroit empoigner l'eau,
» car tant plus il serrera et pressera ce qui de sa
» nature coule partout, tant plus il perdra ce qu'il
» vouloit retenir et empoigner : ains estant toutes
» choses sujettes à passer d'un changement en un
» autre, la raison y cherchant une réelle subsistance
» se trouve deceuë, ne pouvant rien appréhender de
» subsistant à la vérité et permanent, parce que
» tout ou vient en estre et n'est pas encore du tout
» ou commence à mourir avant qu'il soit né. Car,
» comme souloit dire Heraclitus, on ne peut pas
» entrer deux fois dans la même rivière ni trouver
» une substance mortelle deux fois en un mesme
» estat ; car par soudaineté et legereté de change-
» ment tantost elle dissipe et tantost elle rassemble,
» elle vient et puis s'en va, de manière que ce qui
» commence à naistre ne parvient jamais jusqu'à
» perfection d'estre, pour autant que ce naistre n'a-

» cheve jamais ne jamais n'arreste comme estant à
» bout, ains depuis la semence va tousiours se
» changeant et muant d'un en autre, comme de
» semence humaine se fait premièrement dedans le
» ventre de la mère un fruit sans forme, puis un en-
» fant formé, puis, estant hors du ventre, un enfant
» de mamelle, après il devient garçon, puis conse-
» quemment un jouvenceau, apres un homme fait,
» puis homme d'aage, à la fin décrépité vieillard,
» de manière que l'aage et génération subséquente
» va tousiours desfaisant et gastant la précédente,
» et puis nous autres fortement craignons une sorte
» de mort là où nous en avons dès-ia passé et en
» passons tant d'autres.... N'y a rien qui demeure
» ne qui soit tousiours un, ains renaissons plusieurs
» alentour d'un fantosme ou d'une ombre et moule
» commun à toutes figures, la mariere se laissant
» aller, tourner et virer alentour... Or, ce qui souffre
» mutation ne demeure pas un mesme, et il n'est
» donc pas non plus;... et par conséquent se trom-
» pent et mentent les sens de nature, prenans ce qui
» aparoit pour ce qui est, à faute de bien savoir
» que c'est qui est. Mais qu'est-ce donc qui est vé-
» ritablement? Ce qui est éternel, qui n'a jamais eu
» commencement de naissance, qui n'aura jamais fin

» de corruption, à qui le temps n'apporte jamais
» aucune mutation... Par quoi il faut conclure que
» Dieu seul est, et non point selon aucune mesure
» de temps, ains selon une éternité immuable et
» immobile, non mesurée par temps ni sujette à
» aucune déclinaison, devant lequel rien n'est, ni
» ne sera après, ni plus nouveau ou plus recent, ains
» un realement estant, qui par un seul maintenant
» emplit le tousiours, et n'y a rien qui véritablement
» soit que lui seul, sans qu'on puisse dire il a esté
» ou il sera, sans commencement et sans fin (1). »

Il n'y a dans ce tableau de la vie de nature qu'une ombre qui y fasse tache et ne réponde pas à la conclusion précitée. Ammonius dit que « nous n'avons aucune participation du vrai estre ». Pris à la lettre, cela ne serait pas exact. Nous sommes, et, bien que la forme ne soit rien de substantiel, par conséquent ne soit pas ce qui est, on ne peut dire de rien de ce qui a forme qu'il n'est point : il n'y a pas de mode sans substance. Puisque nous sommes, puisque tout ce qui a forme est également, nous sommes et tout ce qui a forme est au même titre que nous par le seul effet d'une réelle participation de ce qui seul est véri-

(1) Trad. d'Amyot.

tablement et qui, ainsi que le conclut le philosophe, ne peut être qu'autant qu'il est un.

D'après les *Actes des Apôtres* (1), saint Paul aurait dit, en plein aréopage, à Athènes, que, traversant la ville, il avait rencontré un autel avec cette inscription : « *Au Dieu inconnu !* » Or, ajouta-t-il, « ce que vous vénérez sans le connaître, c'est ce que je viens vous prêcher; le Dieu qui a fait le monde et tout ce qu'il renferme; le Dieu *en qui nous vivons, nous nous mouvons et nous sommes* ; celui dont quelques-uns de vos poètes ont dit: *Nous sommes de sa lignée*(2). » Les Grecs ne connurent jamais, il est vrai, de Dieu créateur du ciel et de la terre : nous savons que leurs dieux, comme tous ceux du Paganisme, étaient issus et développés de la nature, éternelle et incréée quant à la substance. Mais le Dieu *en qui nous vivons, nous nous mouvons et nous sommes*, ne leur était pas inconnu : on vient de le voir. Saint Paul n'avait peut-être pas compris l'inscription qui le frappa : ce n'est pas à un Dieu inconnu, mais au Dieu « inconnais-

---

(1) C. XVII.

(2) Le poète dont veut parler saint Paul est Cléanthe, dont l'hymne à Jupiter porte, v. 4 : Ἐκ σοῦ γὰρ γένος ἐσμέν. Le texte évangélique a une très petite variante. Il dit : Τοῦ γὰρ γένος ἐσμέν.

sable (1) », qu'était sans doute dédié l'autel où elle se lisait. A cet égard, les Grecs n'avaient donc rien à apprendre de l'Apôtre, qui, du reste, les trompait et se trompait lui-même, en insinuant et en croyant peut-être aussi que le Dieu des Juifs, le Dieu qu'il prêchait, fût tel qu'il voulait bien le dire. Iehovah n'est pas un dieu naturel et nous ne sommes point de sa lignée. Qu'on se reporte au chapitre I, pages 30 et 31 de ce livre, et l'on se convaincra que, au verset 28 du chapitre XVII des *Actes*, saint Paul a fait du pur hellénisme ; qu'il n'a été juif que pour le reste. Néanmoins, tout grec que soit le Dieu « inconnaissable » *en qui nous sommes*, l'aphorisme n'est rigoureusement conforme à la doctrine d'Ammonius que dans ce sens, à savoir que, si nous sommes en lui, c'est lui qui vit et se meut en nous, comme force et principe morphogénique commun à toutes individualités.

(1) Il semble ressortir d'un passage de la *Vie d'Apollonius de Tyane* par Philostrate, l. VI, c. 3, qu'il y avait bien à Athènes des autels élevés à des dieux inconnus : « Il est sage, dit Apollonius, de respecter tous les dieux, surtout à Athènes, *où il y a des autels élevés même aux dieux inconnus*. » La qualification d'*inconnaissable*, dont nous nous servons ici, pourrait alors donner lieu à un point d'interrogation.

L'essence de l'incorporel, ou de ce qui n'a pas de corps, ainsi que l'a très bien dit Porphyre, est l'ubiquité : τό εἶναι πανταχοῦ. D'autre part, il n'y a d'ubiquité conceptible que pour ce qui est un et éternel. Unité, ubiquité, éternité, tels sont donc, pris d'une manière abstraite, les aspects de ce qui est véritablement. De là il ressort que ce qui n'est ni un, ni général, ni éternel, n'est point en lui-même, et que, par conséquent, c'est dans l'unité qu'est la raison de la diversité, dans le général la raison du particulier, dans l'éternité la raison du temps, dans l'essence, en un mot, une, générale, éternelle, infinie, la raison de toute existence individuelle, temporelle et finie. La parfaite homogénéité des principes généraux de la vie, dans tous les règnes de la nature, suppose, du reste, l'unité absolue, d'où il faut conclure que les différenciations de règnes, de genres et d'espèces ne sont bien, en effet, que la morphogénie d'un *monon* originel.

Il y a donc, dans toute individualité, deux parts à établir ; l'une est l'essence et l'autre l'existence, telles que je viens de les définir : ce qui est et ce qui paraît être, ou, en d'autres termes, une vie extérieure, qui est la vie des sens, et une vie intérieure, d'un caractère général, homogène, où la première se reflète, en imprimant à ce côté subjectif de l'individu toutes les marques successives de l'objectif. Van Helmont a dit de l'homme que, à l'extérieur, c'était un animal servi par la raison et la volonté, et à l'intérieur, non plus un animal seulement, mais une vraie image de Dieu : *Dico hominem externum esse animal ratione et voluntate utens, internum vero non animal, sed imaginem Dei veram.* En conservant le nom de Divin, puisqu'il existe, et en appliquant à cette dénomination tout ce qui a été dit de l'essence, on peut définir Dieu l'être et la raison de toutes choses, l'éternel et infini absolu, partout également présent à la fois ; et la création, son *diacosmos*. Ainsi définis, Dieu et sa création sont consubstantiels : *patri par progenies,* comme s'exprime, dans son langage semi-symbolique, la prose de la messe de Noël. S'il y a une différence, elle n'est qu'hypostatique. Ce que le dogme chrétien appelle l'*ousia* ou « substance » commune aux trois personnes de la Trinité devient, par le fait de l'engendrement divin, hypostase relativement au père, comme elle l'est relativement à l'engendré : deux personnes en une seule et même substance. Ce symbolisme, creux et vide, dans la donnée sémitique d'un Dieu hors de la nature, est d'une admirable justesse, au contraire, appliqué au Divin hellénique, tel, du moins, qu'il ressort de ce que nous avons dit et que la formule en a été donnée par Ammonius. Par suite de son épiphanie, l'*ousia* ou substance commune prend la forme hypostatique, et il se trouve qu'il y a en chaque individualité une double personne, le *moi* et le *nous*.

Je viens d'énoncer l'idée que, par les sens, l'objectif s'imprimait sur le subjectif. Cela revient à dire que, par la réflexion du monde extérieur dans le *nous* au moyen des organes, soit, en d'autres termes, par la connaissance, l'objet et le sujet se ré-identifient, ainsi que l'enseignait, il y a des siècles, l'école néoplatonicienne, la double nature devenant de la sorte une seule et même personne, ce que j'appellerais volontiers, pour me servir de termes qui cessent d'être symboliques ici, une union hypostatique réelle de l'homme et du Divin. L'impression transmise par les sens de l'extérieur à l'intérieur, impression de l'objet sur le sujet ou, en d'autres termes, du particulier sur le général, n'a pas seulement pour effet de déterminer par réaction la conscience individuelle du moi ; elle laisse sa marque sur le principe même de l'être en nous et lui donne un cachet de personnalité qui se conserve et se perpétue dans les genres, les espèces et les races. La réalité de l'union hypostatique du « moi » et du « nous » par la perception et la connaissance est ainsi démontrée. De ce que l'individu résume en lui tout le passé biologique du genre, de l'espèce et de la race dont il est issu, il ressort que cette union n'est point, en effet, une simple abstraction, un pur symbole, mais un fait établi. Et de l'union hypostatique des deux côtés de la vie de ce même individu il ressort, d'autre part, que la pérennité de l'un devient immortalité pour l'autre. L'immortalité n'est que la forme de la pérennité ; elle est à la personne, dans l'état d'union que je viens de dire, ce que l'éternité est à l'être. Si, en effet, par son homogénéité avec l'ensemble objectif extérieur, l'individu participe en puissance de tout ce qui caractérise cet ensemble, par sa consubstantialité avec l'être général il participe de tout ce qui constitue l'être lui-même : substantiellement éternel, hypostatiquement immortel ; en lui, l'un ne peut se concevoir sans l'autre. En se repliant dans le Divin par la mort, il ne peut y rentrer qu'avec les caractères de personnalité acquis de la vie sensitive, de sorte que, pour être bien effectivement une apothéose, ainsi que la comprenaient les anciens, la mort n'est point une résorption dans l'infini inconscient : « L'homme, dit » le Dr Carl du Prel (1), n'est pas seulement appelé

(1) *Die Philosophie der Mystik*, p. 524.

» à collaborer comme partie de l'espèce à l'histoire
» cosmique, il n'est pas un simple phénomène transi-
» toire destiné par quelque fatalité à servir à un but
» qui lui soit étranger, mais il est lui-même, comme
» être individualisé, susceptible de perfectionnement
» dans la série successive des formes de perception
» possibles à son âme. De même que, dans l'édifi-
» cation d'un bâtiment, il n'y a pas seulement profit
» pour le bâtiment qui en résulte, mais aussi pour
» l'architecte, qui y forme son expérience et s'y per-
» fectionne dans son art, de même, dans l'histoire
» de l'humanité, ce n'est pas la culture seule qui
» bénéficie du travail de tous, mais chacun de ceux
» aussi qui y coopèrent. » Ce qui revient à dire que
l'œuvre et la pensée de l'ouvrier s'informent par voie
de réciprocité et que de leur union résulte bien une
double vie : une vie extérieure, qui se perpétue dans
l'espèce, et une vie intérieure, qui se continue avec
les éléments d'évolution acquis. Posé le principe
évolutionnel à la base de tout commencement, il n'est
pas plus permis d'en refuser le bénéfice à l'homme
intérieur qu'on ne pourrait logiquement le refuser à
ce qui émane de lui au dehors. Ce n'est pas sa descendance seule qui hérite de son labeur ; par le fait de
l'évolution sélectionnelle, qui lui est propre ainsi

qu'à chacune des parties de son œuvre, à lui comme monade principielle aussi bien qu'aux monades irradiées de lui, l'homme est héritier de lui-même à un degré égal : s'il progresse du progrès qu'il développe, il vit bien de la vie qu'il donne.

L'antiquité nous a légué un symbole où, sous forme dramatique, est contenue cette idée ; c'est le symbole messianique, la dénomination de Messie appliquée, non pas seulement au sauveur Jésus, mais à tous les initiateurs et libérateurs, mythologiques et autres, glorifiés et divinisés par leur œuvre. J'ai dit que tous les dieux du Paganisme aryen étaient des parvenus, *selecti dii* ; que, divins au même titre que tout ce qui vit dans la nature, dont ils sont issus, ils ne devaient qu'à leurs travaux, à un progrès conséquemment déterminé par eux et dont ils ont bénéficié comme le reste, le haut degré de généralisation idéale où ils sont parvenus individuellement ; que, en un mot, ils étaient tenus pour personnellement adéquats au résultat de leur médiation dans le développement morphogénique du monde. Un des mythes les plus intéressants à cet égard est le mythe d'Hercule. Que ce héros, élevé par son apothéose au rang de demi-dieu, au terme de ses travaux, ait été originairement une image du

Soleil, et que ses douze travaux eux-mêmes symbolisent une division de l'écliptique ou une division du calendrier, soit les douze signes zodiacaux ou les douze mois de l'année, je suis tout disposé à le reconnaître; mais ce serait ne comprendre qu'à moitié l'esprit de l'antiquité que de ne voir et de ne vouloir admettre dans les mythes que cette seule forme d'idéologie. « Les dieux védiques, — ceux de la Grèce aussi bien que ceux de l'Inde, — dit très justement M. Michel Bréal, ont un double caractère : ils sont, en même temps, des forces physiques et des êtres moraux (1). » C'est même le côté moral qui, à mesure que se développe la religion, finit par prévaloir. Dans le mythe d'Hercule, la transfiguration est sensible : « Hercule, devenu grand, dit Xénophon, se retira en un lieu solitaire, pour y méditer sur le genre de vie qu'il pourrait bien mener. Deux femmes lui apparurent, toutes les deux de haute stature. L'une, fort belle, avait un port majestueux et plein de dignité, les yeux et le geste d'une pudique modestie, une robe blanche : c'était la *Vertu*; l'autre, forte et vigoureuse, avait un teint plus relevé, des regards libres et des habits magni-

---

(1) *Mélanges de mythologie et de linguistique*, p. 117.

fiques : c'était la *Volupté.* Celle-ci essaya d'attirer Hercule à elle, mais il se décida pour la *Vertu* (1). »
En choisissant la Volupté, Hercule se fût lié à une vie des sens, vie exclusivement personnelle, qui eût fini avec le fonctionnement des organes propres à cette vie.

Par la vertu, qui est une immolation de ce qu'il y a en nous de purement individuel à l'avantage et à la gloire de tous, Hercule vivait, au contraire, de la vie générale, qui est bien, celle-là, une vie éternelle, et, en s'y établissant avec conscience, sachant et voulant ce qu'il faisait, il arrivait naturellement à l'apothéose, au terme de ses travaux. Mais à quelles conditions ! Il eut des monstres à combattre, la terre à purger des fléaux qui l'infestaient, le sol à assainir, les faibles à protéger contre les forts, la jus-

(1) Xénophon, *Mémoires sur Socrate,* l. II, ch. 1. Cet apologue, connu sous le nom de *Hercules ad bivium*, n'est pas de Xénophon, mais de Prodicus, le même qui, pourtant, aurait été condamné, comme athée, à boire la ciguë ; du moins est-ce à Prodicus que Xénophon l'attribue. Le gymnosophiste Thespésion, dans la *Vie d'Apollonius de Tyane,* par Philostrate, l. VI, ch. 10, s'en sert habilement pour défendre sa philosophie, « simple et une comme la vérité, » contre les « prestiges » de la prétendue sagesse indienne, qu'il qualifie d'« artifices de charlatans. »

tice à défendre, toutes les résistances d'une nature ennemie à vaincre. A ces luttes il dut sacrifier tout repos, toute satisfaction de jouissance personnelle. Et quand vint la fin, ce fut dans la robe de Nessus, sur le bûcher du mont OEta, que, son corps étant tombé en pourriture sous le venin de l'hydre et ayant été consumé par les flammes, la grande âme qu'avaient informée en lui les durs labeurs de toute une vie de vertu s'éleva au Ciel, resplendissante de clarté, au milieu des éclairs de la foudre, et fut introduite dans l'Olympe par le maître des Dieux. Si la conception du mythe d'Hercule est bien, comme on l'a dit, ce que l'esprit poétique des Grecs a produit de plus beau, c'est aussi ce que leur intuition métaphysique a symbolisé de plus grand et de plus vrai.

A ce mythe ajoutons quelques exemples pris dans la réalité historique et qui sont autant d'illustrations de la foi religieuse de l'antiquité dans la haute signification du sacrifice.

C'était en l'an 340 avant J.-C. Les deux consuls Manlius Torquatus et Decius Mus, qui conduisaient la guerre contre les Latins, se trouvaient avec leur armée au pied du Vésuve, en face de l'ennemi. La nuit qui précéda la bataille, les deux généraux eurent la même vision : une voix leur fit entendre que le chef de l'un des deux camps en présence et l'armée de l'autre étaient dévoués aux dieux infernaux et à la Terre, ou, en d'autres termes, que la victoire resterait à l'armée dont le général aurait succombé, comme dans l'histoire du dernier roi d'Athènes, Codrus. Le jour venu, la bataille s'engagea. Decius Mus, voyant plier l'aile gauche qu'il commandait, appelle à haute voix le pontife Marcus Valerius : « Le secours des dieux, ô Valerius, s'écrie-t-il, est » ici nécessaire. Pontife du peuple romain, dis-moi » les paroles à prononcer afin que je me dévoue pour » les légions. » Le pontife lui ordonne de prendre la robe prétexte, et, la tête voilée, la main sous sa toge soutenant son menton, les pieds sur un javelot étendu à terre, de dire : « Janus, Jupiter, père » Mars, Quirinus, Bellone, Lares, dieux Novensi- » les, dieux Indigètes, dieux dont la puissance est » sur nos ennemis comme sur nous, et vous, dieux » Mânes, je vous prie, je vous conjure et vous de- » mande en grâce de donner la force et la victoire » au peuple romain des Quirites et de frapper de » terreur, d'épouvante et de mort ses ennemis. » Comme je l'ai dit en paroles, ainsi soit-il pour la » République des Quirites, l'armée, les légions,

» les auxiliaires du peuple romain, dévouant comme
» je dévoue avec moi aux dieux Mânes et à la Terre
» les trois légions et les auxiliaires de l'ennemi. »
Ces paroles prononcées, Decius ordonne aux licteurs
d'aller informer Manlius qu'il se dévouait pour l'armée. Puis, ayant passé la robe gabienne, il s'élance
tout armé sur son cheval et se précipite au milieu
des ennemis. Il tomba percé de traits, et les cohortes
latines terrifiées se débandèrent et furent mises en
déroute. Au moment de son sacrifice, il parut aux
deux armées, dit Tite-Live, plus grand que forme
humaine, *auctior humano visu*.

En rappelant ce dévouement sublime dans mes
Origines de la Religion (1), j'en ai accompagné le
récit des réflexions suivantes, qui trouvent ici leur
place naturelle :

Une résolution d'homme ne peut rien produire de
plus grand que le sacrifice raisonné de soi-même
pour le salut commun, et ce n'est pas à tort que
l'admiration et la reconnaissance des sauvés élèvent
le sauveur à la divinité ; mais pour bien saisir le
sens antique de cette tradition, que Tite-Live n'a
peut-être pas tout à fait compris, il faut voir dans

(1) T. II, p. 12 et suiv.

cette « augmentation de forme » de la victime autre chose que la fascination exercée par un acte héroïque sur l'esprit de ceux qui en sont témoins. Dans la pensée qui est à la base du sacrifice, la vie n'étant qu'un rapt fait à l'Ensemble divin universel, la mort qui ramène à ce divin Ensemble passait pour la grande réparatrice, une restitution de la molécule individuelle à l'unique Divin dont elle est émiettée. Elle tirait l'individu de son isolement et du particulier, pour le grandir dans le Tout général, pour « l'augmenter », suivant l'énergique expression latine : *auctior humano visu*. On se rachetait du péché de la vie par le sacrifice de « ce qui en faisait la principale force », ainsi que s'exprimèrent les augures consultés sur l'événement qui détermina, au Forum, un autre dévouement non moins sublime, celui de Marcus Curtius, c'est-à-dire qu'on se rachetait de la vie par ce qu'il y avait de plus essentiel en elle : les prémisses, les premier-nés, les *principia* de toutes choses, représentant en quelque sorte ce qui en marquait le caractère spécifique, étaient de droit dévolus à la mort en expiation du péché d'origine. La victime, ainsi chargée de la vie de tous, était doublement auguste : *augusta* en mourant, *augustior* une fois morte.

Après avoir rapporté, dans ma *Diablerie chrétienne* (1), la tentation de Jésus dans le désert, j'ai ajouté au récit de l'Évangile le commentaire suivant :

Si l'on pénètre jusqu'à l'esprit de la chose et qu'on ne veuille voir dans toute cette scène qu'une simple figure, un symbole ; si la tentation, abstraction faite de la forme un peu naïve, grotesque même, qu'elle affecte ici, est prise pour ce qu'elle aurait pu être raisonnablement, comme une de ces appétences des grandeurs et du pouvoir dont les meilleures natures ne sont pas exemptes, on ne pourra qu'admirer le calme dédain que Jésus oppose aux suggestions de l'égoïsme. Je ne doute guère qu'il ne crût à sa mission ; sa retraite dans le désert, pour y méditer et la préparer, semblerait l'indiquer. Il dut dès lors entrevoir les luttes qu'il aurait à soutenir, les épreuves terribles qui l'attendaient au milieu d'un monde de puissants et de forts dont il s'apprêtait à combattre la redoutable autorité ; il vit sans doute se dresser devant lui le spectre des prophètes martyrs, victimes de leur noble passion du bien public, et à côté de ces noires perspectives il sera venu probablement s'en

(1) P. 162.

placer d'autres d'un caractère tout différent: l'attrait de la fortune et des honneurs, les séductions de la vie heureuse selon le monde, pour un acte d'adoration envers les puissances du siècle. Si c'est là ce qu'a voulu dire l'évangéliste, dans le langage symbolique du récit que nous connaissons; si c'est bien à la conviction inébranlable d'un devoir de vocation que Jésus immola toute considération personnelle, toute ambition de bonheur et de joie pour lui ici-bas, il faut savoir gré à la tentation d'avoir préparé une si noble virilité et s'incliner avec respect devant un sacrifice qui n'a pas été sans profit pour l'humanité.

En se décidant, lui aussi, pour la Vertu, comme l'Hercule grec; en immolant en lui tout désir de satisfaction personnelle, pour appliquer au salut commun l'activité de sa grande âme, Jésus a bien réalisé l'idée messianique. Ce n'est assurément pas le fils de Marie plutôt qu'un autre qu'a voulu désigner Isaïe dans le tableau qu'il a tracé des luttes et des souffrances du Messie; il n'est pas un rédempteur, dans le large sens du mot, à qui cette peinture ne s'applique, et c'est méconnaître et rabaisser la haute conception qui s'y révèle que de s'obstiner à la prendre pour une prophétie visant une histoire particulière, dont beaucoup de traits, du reste, y ont été appropriés. Néanmoins, l'Église n'a pas eu tort d'y voir l'image de l'Homme-Dieu, de Celui qui, pour arriver à la droite du Père, ou, comme nous dirions, nous, pour conquérir la Divinité et l'immortalité, a dû prendre sur lui tous les péchés du monde et boire jusqu'à la lie le calice de toutes les amertumes terrestres.

Voici ce tableau, dans lequel on aperçoit, à travers certaines couleurs locales, l'esquisse de ce qui attend le juste qui à la Volupté aura préféré la Vertu, aux jouissances privées le bien général ; c'est au chapitre LIII d'Isaïe que je le prends :

« Il est dédaigné et rejeté des hommes, un homme de douleurs et d'infirmités ; en l'apercevant, on se voile la face ; il paraît si méprisable qu'on ne fait de lui aucune estime. Tous nos maux, il les a pris sur lui ; nos langueurs sont devenues les siennes, et nous le traitons comme un lépreux, comme un homme que Dieu a frappé et humilié ! C'est pour nos iniquités, cependant, qu'il a été percé de plaies ; c'est pour nos crimes qu'il a été brisé. Si la peine s'est appesantie sur lui,. c'est pour que nous pussions, nous, avoir la paix ; car c'est par ses blessures que nous avons été guéris. Nous allions tous errant comme des moutons épars, chacun de notre côté :

mais Jehovah a jeté sùr lui les péchés de nous tous. Il a été torturé, écrasé, et il n'a point ouvert la bouche, semblable à un agneau que l'on va égorger, à une brebis muette sous le fer du tondeur. Il est mort dans la souffrance, condamné par des juges ; car je l'ai frappé, lui, pour les crimes de mon peuple... Jehovah a voulu ainsi le briser ; mais s'il a donné sa vie pour le rachat des autres, il verra le fruit de ce qu'aura souffert son âme, et il en sera rassasié. »

M. Hoefer, dans une courte biographie de Képler, a émis ces justes réflexions : « On ne crée qu'à la
» condition de détruire d'abord ce qui existait. C'est
» dans l'opiniâtreté de la lutte contre des préjugés
» profondément enracinés, contre des doctrines de
» tous temps universellement reçues, qu'il faut cher-
» cher la vraie valeur des hommes de génie : ce sont
» les révolutionnaires, dans la bonne acception du
» mot. » Rien d'étonnant donc, ajouterons-nous, à ce que la persécution et la souffrance soient le lot à peu près certain de tous les grands initiateurs ; mais, si la clairvoyance philosophique de Socrate ne l'a pas trompé, en lui montrant, à la dernière heure de son sacrifice, le ciel ouvert pour le recevoir, comme le vit, en l'extase de sa lapidation, le premier martyr chrétien, saint Étienne, on peut affirmer aussi que

Képler, dont la vie a été une longue suite de combats, ne fut pas moins bien inspiré par son génie, quand il composa lui-même l'épitaphe destinée à son tombeau, qu'il l'avait été dans la formule des trois admirables lois qui portent son nom : « J'ai mesuré les
» cieux, maintenant je mesure les ombres de la terre.
» L'intelligence est céleste; ici ne repose que l'ombre
» de mon corps. »

De ce que « les acquêts intellectuels et moraux de la vie, a-t-il été dit, deviennent objets d'héritage pour l'homme intérieur, les souffrances terrestres doivent être tenues pour un moyen nécessaire d'atteindre un but transcendantal ». Elles nous détachent, en effet, de la vie des sens, c'est-à-dire de la vie que ces souffrances affectent et dont elles rehaussent l'amertume, et elles opèrent, au profit de l'union hypostatique du *moi* avec le principe éternel dont nous sommes participants, en raison inverse des avantages que retire de la richesse et du bien-être la vie purement sensitive. Nous démontrerons ultérieurement, dans l'exposition qui sera faite de la double vie en nous, que, loin d'être un signe d'affaissement de la personne, le sommeil des sens, comme dans le somnambulisme et beaucoup de maladies, en marque le simple déplacement, ce que j'appellerai le repli conscient de l'activité morphoplastique sur la base générale de l'être, du *moi* sur le *nous*.

La vie sensitive n'est certes pas à dédaigner; c'est, en effet, par l'information qu'en reçoit la vie intérieure que cette dernière s'hypostasie et que la conscience est éveillée en elle, d'où l'erreur des mystiques religieux, qui, s'abstrayant de la nature extérieure, croient arriver à la connaissance du Divin autrement que par l'étude du monde et de ses lois, ou, en termes moins littéraires, par le raccordement de l'objectif au subjectif; mais il n'en est pas moins exact de dire que, la vie des sens n'étant qu'une condition transitoire d'information, c'est méconnaître la vraie nature de l'évolution de l'être que d'y voir un but final et de s'y abandonner tout entier; c'est, de plus, travailler pour le néant, au terme de l'existence, que d'y chercher exclusivement la satisfaction d'appétences naturelles de bonheur qui ne peuvent, nous l'avons démontré déjà, trouver ici-bas cette satisfaction qu'au détriment de l'ensemble harmonique, dans les limites, par conséquent, du *moi* particularisé, fini et périssable. La richesse est un danger; le bien-être égoïste, la mort : « Il vaut mieux pleurer que rire, est-il dit dans l'Ec-

clésiaste (1). » Et le grand mystique Eckhard a eu raison d'ajouter : « La monture la plus rapide qui
» nous porte à la perfection, c'est la souffrance. »
Rien de plus vrai, non pas à la façon dont l'entendent les flagellants et pratiquants de mortifications, mais dans le sens le plus philosophique : « Il
» n'y a qu'une erreur innée, dit Schopenhauer, c'est
» celle qui consiste à croire que nous sommes ici
» pour y être heureux... Nous avons, du reste, plus
» à espérer, pour notre salut et notre délivrance, de
» ce que nous souffrons que de ce que nous faisons (2). » Locke avait établi, avant Schopenhauer, que ce qui détermine la volonté, c'est la douleur (3) :
« Lorsque l'homme, dit-il, est parfaitement satisfait
» de l'état où il est, ce qui arrive quand il est tout à
» fait libre d'inquiétude, quel besoin, quelle volonté
» lui peut-il rester que de continuer dans cet état? Il
» n'a évidemment rien de plus à faire, comme chacun
» peut s'en convaincre par sa propre expérience.
» Aussi voyons-nous que le sage auteur de notre être,
» ayant égard à notre constitution et sachant ce qui
» détermine notre volonté, a mis dans les hommes

---

(1) 7, 4. — (2) *Welt als Wille*, etc., II, c. 49.
(3) *Essais philos. sur l'Entendement humain*, livre II, § 31.

» l'incommodité de la faim, de la soif, et des autres
» désirs qui reviennent dans leur temps, afin de
» nous exciter à notre propre conservation et à la
» conservation de notre espèce (1). » Montaigne,
longtemps avant Locke, dans le chapitre même de
ses *Essais* où il semble mettre le bonheur dans l'abê-
tissement, s'était exprimé ainsi : « Voulez-vous un
» homme sain ; le voulez-vous réglé et en ferme et
» seure posture ? Affublez-le de ténèbres, d'oysiveté
» et de pesanteur : il nous faut abestir pour nous
» assagir. » Et après cette critique de l'homme
heureux, d'une ironie si fine, il ajoute : « Si l'on me
» dit que la commodité d'avoir l'appétit froid et
» mouce aux douleurs et aux maux tire après soy
» cette incommodité de nous rendre aussi, par
» conséquent, moins aigus et friands à la jouissance
» des biens et des plaisirs, cela est vray ; mais la
» misère de notre condition porte que nous n'avons
» pas tant à jouir qu'à fuyr ; que notre bien estre,
» ce n'est que la privation d'estre mal. Voylà pour-
» quoy la secte de philosophie qui a le plus faict
» valoir la volupté encores l'a elle rangée à la seule
» indolence. De vray, qui desracineroit la cognois-

---

(1) *Essai philos. sur l'Entendement humain*, l. II, §§ 31, 34, 35.

» sance du mal anéantiroit l'homme (1). » Et un peu plus loin, au chapitre 20 du même livre, il a ces paroles d'un effet si pittoresque : « L'ayse nous masche. » D'où Pietro Verri conclut : 1° que le plaisir n'est pas quelque chose de positif; 2° que, physique ou moral, il consiste en une cessation momentanée de la douleur ; 3° que la souffrance est le seul moteur de l'homme, le stimulant de sa volonté (2). Le besoin est bien, comme on l'a dit, le générateur du progrès ; l'histoire lui doit ses développements ; l'individu, comme l'espèce, son amélioration : *Sine labore non tenditur ad requiem, nec sine pugna pervenitur ad victoriam*. Mais c'est aussi le condiment de la fraternité, de la solidarité de toutes les créatures entre elles :

Non ignara mali, miseris succurrere disco (3).

Si donc il fallait ne voir la vie que dans ce que nous en révèlent les sens; si l'existence n'était pas liée, pour sa raison et son explication, à la base transcendantale que j'ai dite, le pessimisme absolu de Schopenhauer et de Hartmann devrait être tenu

(1) *Essais*, l. II, c. 12.
(2) *Discorso sull' indole del piacere e del dolore*.
(3) *Enéide*, I, v. 644.

pour la vraie philosophie, et ce que nous aurions de mieux à faire, ce serait de couper court aux appétits féroces de la volonté en l'annulant, ou, tout au moins, de « nous affubler de ténèbres, d'oisiveté et de crasse épaisseur », de « nous assagir, en un mot, par l'abestissement », ainsi que s'exprime Montaigne. Mais, au-dessus de ce qui paraît être, il y a ce qui, seul, est véritablement, et si le combat pour l'existence, qu'accompagnent les travaux inséparables de la lutte, est bien réellement, pour la partie sensitive de la vie, pour toute la vie extérieure du monde, une condition nécessaire de développement, il a, pour l'autre partie de la vie, au contraire, pour l'être qui en reçoit l'information, des résultats tout différents qui en justifient les dures nécessités. Considéré dans ces résultats, ou, en termes plus philosophiques, dans la seule fin qui puisse l'expliquer, le combat pour l'existence change tout à fait d'aspect ; de pessimisme il devient optimisme ; les torts de la nature sont réparés, et la justice est vengée. L'expérience a démontré, en effet, et il est scientifiquement établi que, implacable pour l'individu, la nature n'a de tendresse que pour les généralités animales ; que ce sont les ensembles qu'elle vise dans l'économie de ses plans, de sorte que, de réduction en réduction, par l'effet de ses atténuations successives, la dureté de la loi s'efface entièrement. D'où la parfaite logique de cette induction, à savoir que, si l'évolution est éternelle, comme il faut bien l'admettre, elle ne peut, à un moment donné de son cours naturel, se continuer qu'en passant dans le domaine transcendantal, avec une loi unique pour point de visée et le triomphe définitif de l'optimisme comme objet.

Or, si, de ce que le combat est fatal, nous sommes obligés de conclure qu'il n'a pu y avoir d'autre forme possible d'évolution cosmique, nous devons en conclure aussi qu'on n'atteint point par le quiétisme à l'ordre transcendantal, qui en est la seule excuse, comme il en est la raison, mais par une activité incessante, un labeur de tous les jours sur le champ de bataille de la vie terrestre ; que, par conséquent, la véritable ascèse, ἄσκησις, est bien celle que comporte l'étymologie du mot, une étude, un exercice, une lutte. De là encore, et du fait de l'information graduelle de l'être général en nous par cette nature d'ascèse, il ressort que la résorption du *moi* dans ce même être n'est le néant que pour celui qui n'y apporte aucun des éléments de vie supérieure effective.

V

De la réalité du monde transcendantal, Kant, dans ses *Rêves d'un visionnaire* (1), conclut ce qui suit : « L'âme humaine devrait donc être considérée
» comme liée, dès la vie présente, à deux mondes
» à la fois, dont elle ne sent néanmoins; d'une
» manière précise, que le matériel, tant qu'elle forme
» une personnalité enchaînée à un corps; mais,
» comme membre du monde des esprits, elle reçoit
» et distribue les pures influences des natures imma-
» térielles, de sorte que, dès que l'union a cessé, la
» communauté dans laquelle elle se trouve toujours
» avec les natures spirituelles reste seule, l'âme
» paraissant alors devoir s'ouvrir à la claire percep-
» tion de ce qu'elle sent... Il peut être tenu pour dé-

(1) *Träume eines Geistersehers eläutert durch Träume der Metaphysik*, c. 2.

» montré, ou, si l'on voulait pousser plus loin, il
» pourrait facilement être prouvé, ou, mieux en-
» core, il sera prouvé un jour, je ne sais où ni quand,
» que l'âme humaine, dès cette vie, est en communauté
» intime avec toutes les natures immatérielles du
» monde spirituel; qu'elle agit sur elles et en reçoit
» réciproquement des impressions dont, toutefois,
» elle n'a pas conscience comme homme, tant que les
» choses restent en l'état... Et parce que le moral de
» l'action touche à la disposition intérieure de l'es-
» prit, il ne le peut, naturellement, qu'en commu-
» nion intime avec le monde des esprits. D'où il
» ressort que l'âme de l'homme, dès cette vie même,
» par suite de son état moral, doit avoir sa place
» parmi les substances spirituelles de l'univers,
» qui, comme la matière, d'après les lois du mouve-
» ment, se rangent vis-à-vis les unes des autres
» dans l'ordre que comportent leurs forces corpo-
» relles. Lors donc que la communauté de l'âme
» avec le monde matériel vient à être dissoute par
» la mort, la vie ne devrait être dans l'autre monde
» qu'une suite naturelle de l'union où cette même
» âme a été avec lui en celui-ci, de façon que les
» conséquences de la moralité exercée ici-bas se
» retrouvassent toutes là-haut. Le présent et l'ave-

» nir seraient ainsi d'une même pièce et forme-
» raient un tout constant, même d'après l'ordre de
» la nature. » Un peu plus loin il ajoute : « Dans
» l'homme, le sujet est un, sujet qui appartient à la
» fois comme membre au monde visible et au monde
» invisible, mais ce n'est pas la même personne,
» parce que les idées de l'un, à cause de la différence
» de nature, ne sont pas des idées concomitantes de
» celles de l'autre monde, d'où il suit que ce que je
» pense de moi comme esprit, je ne me le rappelle
» pas comme homme, et *vice versa*. Quelque
» claires et lumineuses que soient d'ailleurs les
» idées du monde spirituel, cela ne suffit donc pas
» pour que, comme homme, j'en devienne cons-
» cient. » Et en note : « Certaines personnes croient
» pouvoir, sans la moindre hésitation, s'appuyer
» sur ce qui se passe dans l'état de profond sommeil,
» pour prouver qu'il y a réellement des idées con-
» fuses ; comme, cependant, on ne saurait, à cet
» égard, rien assurer de plus que ceci, à savoir que,
» dans l'état de veille, nous ne nous souvenons
» d'aucune des idées que nous avons eues dans
» l'état de sommeil profond, il faut seulement con-
» clure que, au réveil, ces idées ne se sont pas
» clairement représentées, mais nullement qu'elles

» ne fussent pas claires alors que nous dormions.
» Je présume qu'elles pourraient bien être plutôt et
» plus claires et plus étendues que les idées les
» plus claires elles-mêmes de l'état de veille; c'est,
» en effet, dans le repos complet des sens exté-
» rieurs, ce que l'on devrait attendre d'un être aussi
» actif que l'âme. Les actions de certains somnam-
» bules, qui, parfois, dans cet état, montrent plus
» d'intelligence que dans l'autre, quoique, au réveil,
» ils ne se souviennent de rien, confirment la possi-
» bilité de ce que je dis du profond sommeil. Les
» rêves, au contraire, c'est-à-dire les idées du dor-
» meur, dont il se souvient à son réveil, ne sont
» point de celles-là. L'homme, alors, ne dort pas
» complètement ; il sent jusqu'à un certain point,
» d'une manière claire, et il mêle le travail de l'es-
» prit avec les impressions des sens extérieurs.
» C'est ce qui fait qu'il s'en souvient ensuite en
» partie, mais que de ce mélange résulte nécessai-
» rement un pêle-mêle de chimères absurdes. »

Si Kant eût vécu davantage et qu'il eût pu assister aux expériences qui se sont succédé depuis, on peut croire qu'il eût été heureux d'y trouver l'éclatante confirmation de ce que son génie lui avait fait entrevoir. Le jour qu'il avait prévu, ce jour où il devait être démontré, selon sa prophétie, qu'il y a en l'homme une double vie, une vie des sens et une vie intérieure, nous le croyons venu. De l'étude attentive du sommeil en ses différentes formes il résulte, en effet, que ce qu'il croyait ou disait modestement n'être qu'un « rêve de visionnaire » a été dans ce grand esprit une intuition de voyant. Il peut être tenu pour établi scientifiquement que, si l'homme du sommeil est bien l'homme de la veille, la personne du premier de ces états n'est pas toujours celle du second. On a dit que le sommeil était une image de la mort ; c'est plus que cela : il en est en quelque sorte le parèdre. Dès la plus haute antiquité on les a conçus comme frère et sœur, ou plutôt, du moins en Grèce, où, dans la langue, ils étaient mâles l'un et l'autre, comme deux frères (1). Sophocle appelle le mort un endormi, αἰένυπνος (2). Entendue de la personne extérieure, cette assimilation est rigoureusement exacte ; le sommeil en est l'effacement momentané. C'est une image de la mort en ce sens que, de même qu'à la mort, il y a, non point passage de

---

(1) *Iliade*, XIV, 231 ; XVI, 672. — Hésiode, *Théog.*, 212 ; *Id.*, 758.
(2) *Œdipe à Col.*, 1573.

l'être au non-être, mais repli de la forme qui passe sur le fond d'ensemble, qui est éternel (1), de même, dans le sommeil complet, y a-t-il transition de la vie régulièrement sensitive à une vie intérieure dont le fond a le même caractère. La mort et le sommeil ne diffèrent qu'en un point : à la mort, la cessation du fonctionnement des sens entraîne celle du fonctionnement de tout l'organisme ; dans le sommeil, si les

(1) Dans les lettres attribuées à Apollonius de Tyane, on trouve, sous le titre de : *Consolations à Valerius*, ces magnifiques paroles : « Personne ne meurt qu'en apparence, comme ce n'est qu'en apparence que l'on naît. En effet, ce qu'on appelle naître, c'est le passage de l'essence à l'existence ; et ce qu'on appelle mourir, c'est, au contraire, le passage de l'existence à l'essence. Rien ne naît, rien ne meurt, en réalité ; mais tout paraît d'abord, pour devenir ensuite invisible... Quelques-uns s'imaginent avoir été actifs quand ils n'ont été que passifs : ils ne savent pas que les parents sont les moyens et non les causes de ce qu'on appelle la naissance des enfants, comme la terre fait sortir les plantes de son sein, mais ne les produit point. Ce ne sont pas les individualités visibles qui se modifient, c'est la substance universelle qui se modifie en chacune d'elles. Et cette substance, de quel autre nom l'appeler que du nom de substance première ? C'est elle seule qui est et devient, dont les modifications sont infinies ; c'est le Dieu éternel, dont on oublie à tort le nom et la figure pour ne voir que les noms et les figures de chaque individu. Mais ce n'est rien encore. On pleure lorsqu'un individu est devenu dieu, non

sens ne fonctionnent plus, l'organisme, lui, ne cesse point de fonctionner ; le travail de la respiration, de la digestion, de l'assimilation, etc., est le même que dans l'état de veille. Mais le fonctionnement de l'âme continuant, de son côté, ainsi que le prouve le rêve, indépendamment de celui des sens, qui a cessé, et de celui de l'organisme, dont elle n'a pas conscience et qui, par conséquent, n'existe pas pour elle, il faut conclure que, dans cet état, il y a identité psychique entre la mort et le sommeil. Si, d'autre part, on est autorisé par tout ce qui précède à admettre que le fond commun sur lequel la vie se replie, à la mort, est le fond même dont notre âme est participante, on ne l'est pas moins à inférer de là que, par le fait de la réaction du principe général en nous, ce que nous pourrions fort bien appeler ici, à l'exemple d'Aristote, la κοινὴ αἴσθησις, contre les impressions du dehors, et de son information par elles,

par un changement de nature, mais par un changement d'état. Si l'on veut rester dans le vrai, il ne faut pas déplorer la mort ; il faut, au contraire, l'honorer et la vénérer... Celui que vous croyez avoir perdu ne vous reste-t-il pas ? Il vous reste, dira tout homme sensé. En effet, ce qui est ne saurait périr, sans quoi il faudrait croire que le non-être peut passer à l'être. »

la mort, comme le sommeil, n'est qu'un déplacement de la personnalité.

Nous venons de constater que, dans ses *Rêves d'un voyant*, Kant présumait, dans l'état de sommeil profond, une lucidité d'esprit supérieure à celle de l'état de veille : « C'est, du moins, a-t-il ajouté, » ce que, dans le repos complet des sens extérieurs, » on devrait attendre d'un être aussi actif que l'âme. » Il y a dix-huit siècles que Cicéron a dit la même chose dans des termes à peu près identiques. Voici ses paroles : « Quand l'esprit est séparé de la société » et de la contagion du corps, il se souvient alors du » passé, voit le présent et prévoit l'avenir. Le corps » de celui qui dort est là gisant, comme un cadavre, » mais l'esprit vit et agit, ce qu'il fera bien mieux » encore après la mort, quand il aura quitté le corps » tout à fait; aussi, à mesure que la mort approche, » est-il de beaucoup plus divin (1). » Dans son traité *De Senectute*, le même Cicéron dit encore que c'est

---

(1) *Cùm verò est sevocatus animus à societate et à contagione corporis, tùm meminit præteritorum, præsentia cernit, futura prævidet. Jacet enim corpus dormientis ut mortui, viget autem et vivit animus; quod multò magis faciet post mortem, cùm omninò corpore excesserit; itaque, appropinquante morte, multò est divinior.* (De Divinatione.)

dans le sommeil surtout que l'âme manifeste sa divine origine : *atqui dormientium animi maximè declarant divinitatem suam.* Xénophon, au chapitre VII de sa *Cyropédie*, 8, 7, avait déjà dit, lui aussi, que, dans le sommeil, l'âme de l'homme paraît être plus libre et plus divine, et l'on sait, par le mythe charmant d'Endymion recevant, endormi, le chaste baiser de Séléné, la haute valeur mystique que l'antiquité payenne attribuait à cet état psychique. Aussi, loin de traiter les songes comme une vaine superstition, ceux notamment du profond sommeil, Hippocrate, parlant ici en médecin, voulait-il qu'on y appliquât une sérieuse attention : « Après que
» l'âme, dit ce grand maître, s'est détachée par le
» sommeil, non pas précisément du corps, mais du
» service grossier des sens, elle se replie en elle-
» même, comme en un port, pour se mettre à l'abri
» de la tempête; alors elle voit ce qui se passe à l'in-
» térieur et se peint cet état avec toutes sortes de
» figures et de couleurs où l'on peut reconnaître
» dans quelle situation se trouve le corps. »

C'est un des principes fondamentaux de la philosophie Vedanta que celui dont les sens ont été domptés perçoit et connaît par l'effet d'un repli de la sensibilité extérieure, et ce que racontent nos somnambules lucides de leur état semble confirmer le fait. Ainsi il est dit dans le Védisme : « Où il est nuit pour tous les autres, il fait grand jour pour le Mouni contemplatif (1). » D'après cette philosophie, ce qui veille, dans l'état extatique, ce serait la personne intérieure ou *pourouscha*, différente de la personne extérieure ; « tandis que celle-là perçoit en elle l'identité de tous les êtres, celle-ci, au contraire, le *moi* orgueilleux, ne voit qu'elle-même. » Nos somnambules, ceux, j'entends, dont le témoignage a été contrôlé par une observation attentive et peut être tenu pour certain, ne s'expriment pas autrement : « Qu'on veuille que ce soit du sommeil et que je rêve, disait l'un d'eux en son extase, c'est possible pour le monde du dehors ; mais pour le monde intérieur, c'est la veille la plus éclatante (2). »

Une des gloires de la science médicale, en Angleterre, le docteur Herbert Mayo, le premier membre de la Société royale et médecin officiel qui n'ait pas craint de comprendre le magnétisme animal dans ses études, résumait ainsi, il y a 35 ans déjà, ce qui ressortait, à ses yeux, de faits aujourd'hui établis hors de contestation sérieuse :

(1) *Bhagavadgita*, II, 69.
(2) Kerner, *Die Seherin von Prevorst*.

« 1. Les organes de la sensation sont désertés par
» leur sensibilité naturelle. Le sujet ni ne sent le tou-
» cher, ni ne voit par les yeux, ni n'entend par les
» oreilles, ni ne goûte rien par la bouche.

» 2. Tous ces sens, néanmoins, ne sont pas per-
» dus. La vue et l'ouïe, sinon l'odorat et le goût,
» réapparaissent en quelque autre endroit, au creux
» de l'estomac, par exemple, ou à l'extrémité des
» doigts.

» 3. Le sujet manifeste de nouvelles facultés de
» perception. Il distingue des objets tout autour de
» lui, voit à travers toutes sortes d'obstacles, cloi-
» sons, murs et maisons, et à des distances infinies.
» Il voit son propre intérieur, comme s'il était illu-
» miné, et il peut dire ce qui pèche dans la santé
» d'autrui. Il lit les pensées des autres, qu'ils soient
» présents ou au loin. Les obstacles ordinaires d'es-
» pace et de matière ne sont rien pour lui (1). »

Ce que Mayo décrivait, d'après sa propre expérience, comme un état somnambulique caractérisé,
la *Société des recherches psychiques* de Londres l'a
depuis confirmé et le confirme tous les jours par de
nouveaux faits à l'appui. Aussi, après avoir longtemps

---

(1) *Letters on the truths contained in popular superstitions*, p. 99.

hésité à prendre au sérieux les merveilleux récits du docteur Kerner, la science a-t-elle dû confesser qu'il y a peut-être là plus qu'elle n'y voit encore, et elle s'est dit, — je parle de la science vraie, de celle qui estime que ce que nous connaissons de la nature n'a pas épuisé tout ce qu'on en peut connaître — : *Ubi experientia constat, ratio peti non debet.* Or, voici comment la Voyante de ce célèbre docteur a défini elle-même cette singulière situation :

« L'état qu'on appelle somnambulique est la vie
» ou énergie de l'homme intérieur; il y a là une
» preuve que la vie se continue et qu'on se revoit.
» C'est l'activité interne de l'homme, activité qui
» dort dans l'homme en situation naturelle et en
» bonne santé. Cette vie intérieure dort surtout chez
» ceux qui ont, pour ainsi dire, la vie dans le cerveau;
» qui prêtent rarement l'oreille à la voix de leur inté-
» rieur, à cette voix, qui pourtant, à la bien consi-
» dérer, est le vrai guide de la vie humaine. Dans
» l'état somnambulique lucide est la veille la plus
» claire, car là, l'esprit, dégagé des entraves des
» sens, est libre et le maître. Aussi appellerais-je
» volontiers cet état l'épanouissement de l'homme
» intérieur, la veille spirituelle de l'homme. Or, cette
» veille spirituelle n'a lieu que dans les moments

» où ce qui dort se perd, s'abîme, ou sort de soi.
» L'esprit alors est tout à fait libre ; il peut se sépa-
» rer de l'âme et du corps, et aller où il veut comme
» un rayon de lumière. »

Il y a, néanmoins, d'après la même Voyante, des degrés dans l'état somnambulique. Aux degrés moins élevés, l'esprit est plus ou moins dégagé de l'âme et celle-ci l'est plus ou moins du corps :

« Dans l'état tout à fait régulier, ajoute-t-elle,
» l'âme a plus son siège dans le cerveau, l'esprit a
» plus le sien dans le creux de l'estomac. Dans les
» états magnétiques, le siège de l'âme se rapproche
» plus ou moins de celui de l'esprit. Mais chez
» l'homme qui ne vit qu'au dehors, l'âme a la prépon-
» dérance sur l'esprit. Dans l'état magnétique, où
» l'homme vit plus à l'intérieur, l'esprit est prépon-
» dérant et plus libre, et quand il peut se dégager
» tout à fait de l'âme qui n'a pas atteint complè-
» tement à sa pureté, c'est alors la veille spirituelle
» de l'homme la plus élevée (1). »

(1) *Die Seherin von Prevorst*, édit. de 1877, p. 128. — Strauss, l'auteur de la *Vie de Jésus*, dont le témoignage est ici d'un grand poids, parle de cette Voyante dans les termes suivants : « Kerner me reçut, selon son habitude, avec une bonté paternelle, et me présenta à la visionnaire, qui reposait

A part la terminologie mystique, le fond de cette description ne diffère ni de celle de Mayo, que nous connaissons, ni de ce qu'on lit dans la plupart des

dans une chambre du rez-de-chaussée. Peu après, la visionnaire tomba dans un sommeil magnétique. J'eus ainsi pour la première fois le spectacle de cet état merveilleux, et, je puis le dire, dans sa plus pure et sa plus belle manifestation. C'était un visage d'une expression souffrante, mais élevée et tendre, et comme inondé d'un rayonnement céleste; une langue pure, mesurée, solennelle, musicale, une sorte de récitatif; une abondance de sentiments qui débordaient et qu'on aurait pu comparer à des bandes de nuées, tantôt lumineuses, tantôt sombres, glissant au-dessus de l'âme, ou bien encore à des brises mélancoliques et sereines s'engouffrant dans les cordes d'une merveilleuse harpe éolienne. A cet appareil surnaturel, aussi bien qu'à ses longs entretiens avec des esprits invisibles, bienheureux ou réprouvés, il n'y avait point à en douter, nous étions en présence d'une véritable visionnaire; nous avions devant nous un être ayant commerce avec un monde supérieur. Kerner me proposa de me mettre en rapport magnétique avec elle; je ne me souviens pas d'avoir jamais senti une impression semblable depuis que j'existe. Persuadé comme je l'étais qu'aussitôt que ma main se poserait dans la sienne, toute ma pensée, tout mon être lui seraient ouverts, et cela sans retour, lors même qu'il y aurait en moi quelque chose qu'il m'importerait de dérober, il me sembla, quand je lui tendis la main, qu'on m'ôtait le plancher de dessous les pieds et que j'allais m'abîmer dans le vide. » (Trad. R. Lindau, dans la *Biographie générale*, art. *Kerner*.)

hypnographes contemporains qui ont traité du somnambulisme. « De même, dit l'un d'eux, le D^r du
» Prel, que, dans l'état de veille, la conscience mar-
» che parallèlement à des mouvements correspon-
» dants des sens et du cerveau, de même les fonc-
» tions physico-transcendantales paraissent-elles
» avoir lieu parallèlement à des mouvements corres-
» pondants du système ganglionnaire, dont le foyer
» central, le plexus solaire, était déjà appelé par les
» anciens le « cerveau du ventre ». Chez une som-
» nambule du Dr Petetin, le creux de l'estomac était
» bombé comme une boule. La somnambule de
» Bertrand (1) disait, en indiquant son estomac,
» qu'elle avait là quelque chose qui parlait et à quoi
» elle pouvait demander un conseil. Aussi quand,
» chez elle, l'instinct prenait la forme dramatique du
» rêve, elle se repliait en avant, le visage penché sur
» l'estomac, qu'elle frottait légèrement avec l'index,
» et elle répondait ensuite à toutes les questions
» qu'elle faisait elle-même ou qu'on lui adressait.
» Une somnambule, rappelée par Werner (2), dépeint
» plus nettement encore le dualisme du cerveau et

(1) *Traité du somnambulisme*, 137.
(2) *Symbolik der Sprache*, 124.

» du plexus solaire, tel qu'il se trahit au moment du
» passage à l'état somnambulique. Tandis que ses
» sens n'étaient pas tout à fait assoupis et qu'elle
» luttait encore, elle s'écria : « Où suis-je? Je ne
» suis plus dans ma tête. C'est un singulier combat
» qui a lieu entre la tête et le creux de l'estomac; tous
» les deux veulent être maîtres, tous les deux voient
» et sentent. Cela ne peut durer; c'est un déchi-
» rement. C'est comme s'il me fallait faire descen-
» dre ma tête dans l'épigastre, pour voir quelque
» chose. Je souffre dans le creux de l'estomac, si je
» pense en haut, et cependant il ne fait pas encore
» assez clair en bas. »

Le Dr du Prel ne doute point, d'après cela, que le système ganglionnaire ne puisse suppléer au fonctionnement du cerveau. C'est, du reste, selon lui, ce qui ressortirait de faits du règne animal, où, par exemple, chez les mollusques et certains insectes, dont les sens sont imparfaitement déve-loppés, les instincts, au contraire, le sont à un si haut degré.

Les anciens connaissaient ce repli des sens dans la région épigastrique. Ils avaient une sorte de divina-tion par le creux de l'estomac qu'ils appelaient *engastrimantis*, — ἐγγαστρίμαντις, — et des devins appelés *engastrimythes*, —ἐγγαστρίμυθοι. Le devin Euryclès, — εὐρυκλῆς, *au large abdomen*, — tirait son nom de ce genre de mantique, qui paraît avoir été, dans certains cas, celui de la Pythie de Delphes, *ventriloqua vates*.

La Mystique sacrée de toutes les religions offre des exemples nombreux d'extase identiques à ceux de l'état hypnotique et somnambulique, dont il n'est plus permis aujourd'hui de les distinguer. Parmi ces exemples s'en rencontrent plusieurs de transposition de la sensibilité, de remplacement de l'activité cérébrale par un fonctionnement du système ganglionnaire et de l'épigastre, qui non seulement en tiendrait lieu, mais la dépasserait même considérablement. L'auteur de la *Mystique divine, naturelle et diabolique*, Joseph Gœrres, chez qui l'on trouve une profusion de faits à l'appui, appelle du nom de *cerebrum abdominale* le centre de ce fonctionnement. D'après lui, le cerveau abdominal dont il parle aurait son siège dans la glande pinéale (1). Les *yoghis* et *mahatmas* de l'Inde le placent, eux, assez généralement dans la rate.

Quoi qu'il en soit de ce siège anormal; qu'il se

(1) *Mystique divine*, etc., t. II, p. 402.

trouve dans quelque glande irradiée du grand sympathique, dans la rate, le plexus solaire, l'extrémité des doigts, ou ailleurs, ce que nous n'avons point à discuter ici, un fait est certain, le fait sur lequel nous avons voulu appeler uniquement l'attention, à savoir le déplacement de la sensibilité dans tels cas donnés de sommeil, de somnambulisme, de catalepsie et d'extase, et l'accroissement fréquent de la lucidité dans l'un ou l'autre de ces états. Il est impossible, disent la plupart des physiologistes, de voir sans les yeux, d'entendre sans les oreilles, de flairer et sentir sans le nez, de rien goûter sans le palais. Si, pourtant, on veut bien être assez modeste pour croire que, quelque savant que l'on soit, on ne sait pas tout encore, on se gardera de prononcer *à priori* sur ce qui est possible et ce qui ne l'est point, comme si l'on savait tout. On attendra prudemment pour cela que l'observation ait épuisé l'objet de la connaissance, et comme nous ignorons ce qu'est la vie et, par conséquent, quelle est la parfaite signification de l'organisme animal, il faudra se contenter, jusqu'à ce qu'on le sache, de ne rejeter comme absurde et impossible que ce qui implique contradiction logique. Or, s'il y a contradiction entre des faits nouveaux établis et des théories reçues, basées

uniquement, non pas sur des lois, mais sur des généralisations hâtives dont ces mêmes faits se trouvent exclus, c'est aux théories de baisser pavillon ; la place appartient aux faits. « On a souvent dit,
» lisons-nous dans Claude Bernard, un des grands
» maîtres de la science physiologique, que, pour
» faire des découvertes, il fallait être ignorant. Cette
» opinion, fausse en elle-même, cache cependant
» une vérité. Elle signifie qu'il vaut mieux ne rien
» savoir que d'avoir dans l'esprit des idées fixes,
» appuyées sur des théories dont on cherche toujours
» la confirmation, en négligeant tout ce qui
» ne s'y rapporte pas. Cette disposition d'esprit est
» des plus mauvaises et elle est éminemment opposée
» à l'invention. En effet, une découverte est en
» général un rapport imprévu, qui ne se trouve pas
» compris dans la théorie, car sans cela il serait prévu.
» Un homme ignorant, ne connaissant pas la théorie,
» serait en effet, sous ce rapport, dans de meilleures
» conditions d'esprit ; la théorie ne le gênerait
» pas et ne l'empêcherait pas de voir des faits
» nouveaux que n'aperçoit pas celui qui est préoccupé
» d'une théorie exclusive. Mais hâtons-nous de
» dire qu'il ne s'agit point ici d'élever l'ignorance en
» principe. Plus on est instruit, plus on possède

» de connaissances antérieures, mieux on aura l'es-
» prit disposé pour faire des découvertes grandes
» et fécondes. Seulement il faut garder sa liberté
» d'esprit et *croire que dans la nature l'absurde, sui-*
» *vant nos théories, n'est pas toujours impossible* (1). »
Kant avait déjà dit, de son côté, que les mots
« je ne sais pas » n'étaient guère de cours dans les
académies, les savants de profession étant assez
généralement disposés à considérer toute découverte
nouvelle comme une violation de patente. Tenons
donc pour certain, avec Bacon, en l'affaire particulière dont il s'agit, que « la délicatesse de la nature
» surpasse de beaucoup celle des sens et de l'enten-
» dement (2) », et ne nous laissons pas arrêter par
les théories scientifiques, quand les faits y sont
contraires. Or les faits, les voici :

Dans l'extase ou somnambulisme, qu'il soit naturel, résultant de conditions morbides ou anormales
de l'organisme, ou qu'il soit artificiel, déterminé par
une volonté indépendante du sujet, il peut y avoir
et l'on a fréquemment constaté l'interversion des
sens, leur déplacement ou transposition, quelque-

---

(1) Cf. Netter, *De l'intuition dans les découvertes.*
(2) *Novum Organon*, I, 10.

fois une suspension totale de la sensibilité corporelle, avec développement plus ou moins considérable des facultés sensitives, spirituelles et intellectuelles, en un mot une lucidité supérieure à celle de l'état de veille. Ce n'est pas ici le lieu, et ce ne peut être l'objet de ce travail, d'insister sur une exposition démonstrative de ces phénomènes. Nous devons renvoyer, pour les détails, aux traités où il en est tout spécialement question et nous borner à quelques indications rapides.

Les faits d'anesthésie plus ou moins complète, dans l'extase, la catalepsie et le sommeil somnambulique, sont connus de tout le monde. On sait que beaucoup de pauvres sorcières, dans les tourments de la torture, étaient souvent prises d'un sommeil profond, qu'on attribuait naturellement au diable et pendant lequel elles ne sentaient plus rien; que, pour bien des martyrs et d'extatiques, ce qui aurait dû être une souffrance horrible se transformait en jouissance réelle, qualifiée même de douce et de suave. Les Convulsionnaires de Saint-Médard et les Trembleurs des Cévennes, entre autres, nous en offrent de curieux exemples; nous en citerons quelques-uns des plus caractéristiques et des mieux prouvés. Voici, d'abord, un témoignage auquel la critique la plus sévère aurait de la peine à trouver rien à dire :

« Nous soussignés, François Desvernays, prêtre,
» docteur en théologie de la maison et société de
» Sorbonne ; Pierre Jourdan, licencié de Sorbonne,
» chanoine de Bayeux ; milord Édouard de Rumond
» de Perth ; Louis-Bazile Carré de Montgeron, con-
» seiller au Parlement ; Armand Arouet (1), tré-
» sorier de la Chambre des Comptes ; Alexandre-
» Robert Boindin, écuyer ; Pierre Pigeon, bourgeois
» de Paris ; Jean-Baptiste Cornet, bourgeois de
» Paris ; Louis-Antoine Archambault et Amable-
» François-Pierre Archambault, son frère, écuyers,
» certifions que nous avons vu ce jour d'hui, entre
» huit et dix heures du soir, la nommée Marie Sonet
» étant en convulsion, la tête sur un tabouret et les
» pieds sur un autre, lesdits tabourets étant entiè-
» rement dans les deux côtés d'une grande cheminée
» et sous le manteau d'icelle, en sorte que son corps
» était en l'air au-dessus du feu qui était d'une vio-
» lence extrême, et qu'elle est restée l'espace de
» trente-six minutes en cette situation, en quatre
» différentes reprises, sans que le drap dans lequel

(1) C'était le frère de Voltaire.

» elle était enveloppée, n'ayant pas d'habits, ait
» brûlé, quoique la flamme passât quelquefois au-
» dessus, ce qui nous a paru tout à fait surnaturel...
» Plus, nous certifions que, pendant que l'on signait
» le présent certificat, ladite Sonet s'est remise sur
» le feu en la manière ci-dessus énoncée, et y est
» restée pendant neuf minutes, paraissant dormir
» au-dessus du brasier, qui était très ardent, y
» ayant eu quinze bûches et un cotret de brûlés pen-
» dant lesdites deux heures et quart. En foi de quoi,
» etc. » Suivent les signatures.

Carré de Montgeron, un des signataires de ce procès-verbal, l'auteur de *La Vérité des Miracles opérés par l'intercession du diacre Pâris*, dit ailleurs, de son côté, qu'il a vu cinq ou six autres fois, avec une multitude d'autres personnes, la même Marie Sonet, surnommée la *Salamandre*, se mettre les deux pieds chaussés au milieu d'un brasier ardent : « Pour lors,
» ajoute-t-il, le feu ne respectait point ses souliers,
» ainsi qu'il paraissait avoir les autres fois respecté
» son drap; les souliers s'embrasaient, la flamme y
» prenait, et la semelle se réduisait en cendres, sans
» que la convulsionnaire ressentît aucune douleur à
» ses pieds, qui restaient un temps considérable au
» milieu du feu. J'ai eu même, une fois ou deux, la

» curiosité d'examiner si les semelles de ses bas
» étaient brûlées ainsi que ses souliers ; la semelle
» tomba en poussière aussitôt que j'y touchai, en
» sorte qu'une partie du dessous de son pied resta
» nue. » Le même Carré de Montgeron dit encore
qu'un de ses amis les plus intimes, « homme très
digne de foi, lui avait mandé qu'il avait lui-même
fait cuire des pommes et durcir des œufs en les pendant au cou de convulsionnaires qui plongeaient,
ainsi accoutrées, leur tête dans les flammes. » Le
soin que met l'auteur à laisser raconter par un ami
une chose qu'il n'avait pas vue, mais dont il ne doutait pas le moins du monde, tout incroyable qu'elle
nous paraisse à nous, est une garantie de plus de
sa véracité pour ce qu'il décrit comme en ayant été
personnellement témoin. Avant de prendre congé
de la Salamandre, ainsi que s'exprime M. P.-F. Mathieu (1), ajoutons encore un trait d'elle où ce n'est
plus d'anesthésie qu'il s'agit, mais d'une torture
savourée avec bonheur. « Après avoir crié : « sucre
» d'orge ! sucre d'orge ! » dit cet auteur, elle se
» mettait en arc renversé, la tête et les pieds posant

---

(1) *Hist. des Miraculés et des Convulsionnaires de Saint-Médard*, p. 266.

» à terre et les reins soutenus en l'air par un bâton
» plus gros que le bras, aigu et pointu par un bout ;
» c'était le sucre d'orge demandé. Puis, dans cette
» posture, et les reins appuyés sur la pointe du bâton,
» elle criait : « Biscuit ! biscuit ! » Le biscuit était
» une pierre d'environ cinquante livres, qu'au
» moyen d'une poulie on laissait tomber à plusieurs
» reprises sur son estomac et du plafond de l'ap-
» partement, ses reins portant toujours sur la pointe,
» sans que la peau ni la chair parussent en recevoir
» la moindre atteinte. »

D'autres convulsionnées subissaient froidement le supplice de la croix, se laissant clouer les pieds et les mains sur des planches croisées. A une d'elles, sœur Félicité, on avait enfoncé dans les pieds et dans les mains des clous de cinq pouces de long. En cet état, elle conversait avec les assistants ; elle demanda même qu'on lui perçât la langue, et on la lui perfora avec la pointe d'une épée ; puis elle voulut qu'on la lui fendît, ce que l'on fit encore. Enfin on la détacha, et, quand on lui arracha les clous, elle ne perdit que très peu de sang.

Les Trembleurs des Cévennes, moins d'un demi-siècle avant les Convulsionnaires de Saint-Médard, avaient donné l'exemple de dérangements identiques à ceux que nous venons de mentionner : même insensibilité ou même saveur de la torture. L'antiquité et le moyen âge, de leur côté, pourraient nous fournir aussi leur contingent de faits du même genre ; mais nous n'y insisterons pas, notre dessein étant uniquement de poser des prémisses qu'on ne puisse contester à la conclusion qui sera tirée ensuite. Ajoutons néanmoins que, à part l'épreuve du feu, nous avons vu reproduire nous-même, par des hystériques, des cataleptiques et des somnambules, la plupart des manifestations que nous venons de rappeler : rigidité du corps, la tête et l'extrémité des pieds appuyant sur deux tabourets, le corps lui-même étendu sans appui et plusieurs personnes assises dessus comme sur une planche épaisse ; insensibilité complète ou de telle partie catalepsiée, sans que le sujet ressentît la moindre douleur des coups qu'il recevait ; perforation des chairs sans écoulement de sang, et le reste.

Quelque merveilleux en apparence que soient les faits d'anesthésie provoquée que nous venons de rappeler, il n'y a rien là, pourtant, qui ne se puisse expliquer d'une manière satisfaisante par l'arrêt ou inhibition naturelle momentanée d'une fonction dans un centre nerveux, dans un nerf, dans un ou plusieurs muscles. Mais ce que n'expliqueront jamais les théories d'inhibition et de dynamogénie purement matérialistes, ce sont les contractures d'une partie ou de la totalité du corps sous la pression inaperçue d'une volonté étrangère formulée mentalement ou même à distance, les transpositions ou interversions de sens, les transmissions de pensée, les suggestions mentales ; c'est finalement et surtout l'indépendance, consciente ou non, à laquelle peut s'élever la sensibilité par son dégagement des sens. Aussi les savants qui ont leur siège fait et qui estiment, contrairement aux sages avis de Claude Bernard, que l'absurde suivant leurs théories est toujours impossible dans la nature, traitent-ils toutes ces choses de « jongleries » : le mot est de l'un d'eux ; d'autres, par indulgence, disent « hallucination ». Herbert Mayo, dont nous avons cité plus haut les conclusions, n'était pourtant ni un jongleur ni un halluciné, et ce serait, croyons-nous, singulièrement abuser de l'*à priori* que d'y baser une accusation de même genre ou de genre analogue contre les savants et chercheurs honnêtes de la Société des recherches psychiques de Londres. Or, ces savants et beaucoup d'autres, témoins et souvent acteurs dans les choses qu'ils racontent, après les avoir étudiées et analysées eux-mêmes, ont constaté la réalité et l'exactitude des faits qu'il plaît à des théoriciens de parti pris de qualifier de jongleries pures.

Pour ce qui est de la transmission de la pensée ou suggestion mentale, voici ce qu'en dit un des membres de la Société, M. le professeur Myers : « Nous avons obtenu et nous possédons un fait précis duquel on peut partir, un fait d'une portée immense et inconnue. Si, comme nous le croyons, nous pouvons carrément affirmer que *l'esprit agit sur l'esprit autrement que par les organes reconnus des sens*, l'assertion devra paraître beaucoup plus grosse de conséquences que si nous disions que l'ambre frotté attire la paille ou que l'aimant attire le fer. » M. Myers entre, après cela, dans des considérations et cite des faits qu'il tient pour démontrés et « qui sont, dit-il,
» comme des bulles émergeant d'un grand océan
» hors de l'atteinte actuelle de notre observation et
» peut-être même au-dessous du niveau de notre
» conscience. » Parmi ces faits se trouve le suivant, dont il garantit l'authenticité :

« Un soir, il y a quelques années, j'étais — c'est une dame qui parle — avec mes deux jeunes amies, Mlle de P..., aujourd'hui lady S..., et sa cousine, première gouvernante des deux filles du prince impérial d'Allemagne, l'une et l'autre parfaitement incrédules en fait de spiritisme. Pour les amuser, cependant, comme j'écris quelquefois sous une influence occulte, j'invitai Mlle de P... à fixer sa pensée sur quelqu'un que je ne connusse pas, pour voir si ma main écrirait quelque chose de vrai touchant la personne inconnue. Elle fit ce que je lui demandais et ma main écrivit aussitôt : « Sa vie a été assombrie par l'action d'un autre. » Elle regarda étonnée et dit que celui à qui elle pensait avait eu un frère qu'il aimait beaucoup et qui s'était suicidé. Elle demanda ensuite si on pouvait lui dire où elle l'avait rencontré pour la première fois. Ma main écrivit : « J'étais au bas d'un escalier en marbre splendidement » éclairé par un soleil de juillet ; comme vous montiez, il vous considérait comme on suit la trace « d'un brillant météore. » Cela encore était exact ; elle l'avait rencontré, dit-elle, pour la première fois au bas du grand escalier de l'hôtel du Ministère de la Guerre, à Paris, et sa cousine ajouta qu'il avait été très frappé en la voyant. Il n'y avait là que deux petites inexactitudes, c'est que l'escalier n'était pas en marbre, mais en pierre, et que le soleil qui l'éclairait alors était un soleil de septembre. — Quand j'écris de cette manière, dit en terminant la dame auteur de ce récit, les idées ne viennent point, du moins n'en ai-je pas conscience, de mon esprit, et ma main semble être doucement conduite par quelque influence extérieure. »

Il ressort de cette finale que la même dame croyait sa main guidée par quelque esprit. M. Myers estime, avec plus de raison, que le guide fut ici, non point un esprit mâle désincarné, mais un esprit femelle toujours en chair, celui de Mlle de P... elle-même, et il conclut à une transmission de pensée parfaitement caractérisée.

A cet exemple, que je prends entre plusieurs autres cités dans le rapport de l'honorable professeur, je puis en ajouter un où je suis personnellement en jeu et dont je puis attester la parfaite authenticité. Un de mes meilleurs amis, chef de bureau d'une des grandes administrations de l'État, un homme qui vit en moi comme je vis en lui, me présente un matin une feuille de papier d'environ 30 centimètres de long sur 20 de large, sur laquelle étaient écrits en gros caractères, dans le sens de la longueur, mon prénom et mon nom de famille, l'un et l'autre exactement orthographiés : «Voici, me dit-il, comment vos noms sont venus sur ce papier. J'étais hier soir rue Pigalle, où vous n'êtes connu de personne et où personne autre que l'hôte du logis ne me connaît ; c'était, du reste, la première fois que je paraissais dans ce milieu. Il y avait là, rangées autour d'un grand guéridon, une demi-douzaine de personnes qui suivaient attentivement des yeux les mouvements d'un crayon entre les mains d'une jeune fille qu'on disait être *medium*. Tout le monde était assis; seul j'étais debout, en dehors du cercle, ayant la porte de la salle derrière moi. De cette place, où j'étais comme isolé, je demandai à brûle-pourpoint à l'esprit, puisque c'était d'esprit qu'il s'agissait, de me dire les noms de la personne à laquelle je pensais. Sans la moindre hésitation et en moins de temps que je n'en avais mis pour formuler ma demande, le crayon écrivit sur cette feuille les deux noms que vous y voyez et qui sont les vôtres; c'était à vous que je pensais et c'étaient bien vos noms que je voulais. » Comme il n'y a eu ici d'autre esprit répondant que celui-là même qui avait posé la question, nous tînmes le fait, mon ami et moi, pour un exemple probant de transmissibilité directe de la pensée sans l'intermédiaire des sens.

Un autre phénomène traité aussi de jonglerie, c'est la suggestion mentale. Que les contractures et mouvements du corps, les actes de toute nature, provoqués chez des hystériques et des hypnotisés par des expérimentateurs comme MM. Charcot, Liébault, Bernheim, Liégeois, Charles Richet, Carpenter, Stanley Hall, Heidenhain, Despine, Targuet et autres, puissent s'expliquer, comme les expliquent ces savants, par l'action explicitement formulée de la volonté de l'opérateur sur la sensibilité du patient et par une irritabilité réflexe de celui-ci, on le conçoit. Comme l'explication ne dérange pas beaucoup les théories psycho-physiologiques les plus généralement admises, on conçoit aussi que la science s'en accommode ; mais quand les mêmes mouvements sont provoqués par un acte de l'opérateur, qui n'est ni un mot, ni un signe, ni un geste, un acte formulé intérieurement, et qui n'agit sur aucun des appareils sensitifs connus de nous, une simple pensée en un mot, les théories en question ne se prêtant plus à la même diagnose, on préfère nier les faits. « Ce qui intrigue, ce qui étonne dans la suggestion mentale, dit le Dr Henry de Varigny (1), c'est que celle-ci s'opère *sans l'intervention connue* d'un sens quelconque, ce qui paraît à tel point anormal que la grande majorité des psychologues et des physiologistes en nient l'existence. Pareille négation n'est

(1) *La Nature* du 11 avril 1885.

pas chose absolument scientifique ; elle est le fait de personnes croyant tout savoir, bien plus que de véritables chercheurs de vérité. » M. le Dr de Varigny, qui estime que « nous sommes loin d'en savoir assez long, non pas seulement sur le fonctionnement du cerveau, mais sur les propriétés générales de la matière, pour pouvoir nier avec certitude qu'un cerveau puisse agir sur un autre cerveau d'une façon différente des façons déjà connues », cite, à l'appui de ce qu'il appelle tout au moins « la possibilité de l'action directe d'une intelligence ou d'un cerveau sur une autre intelligence ou un autre cerveau », une série de faits établis, qu'il emprunte aux *Proceedings* de la Société des recherches psychiques de Londres. Voici, entre beaucoup d'autres, une de ces citations : « L'expérimentateur se trouvant dans une chambre avec des jeunes filles et leurs parents, une des jeunes filles est envoyée dans la chambre voisine, et la porte de communication est fermée. L'expérimentateur inscrit sur un morceau de papier le nom de l'objet qu'il désire voir rapporter par le sujet, et passe ce papier à chacun des membres de la famille, qui en prend connaissance sans mot dire. Chacun pense à l'objet choisi : la jeune fille revient dans la chambre, quelque temps après, tenant, en général, l'objet pensé à la main ! C'est ainsi que, dans une expérience, elle apporta successivement une brosse, une orange, un verre à boire, une pomme, une tasse, etc. Dans une autre expérience, l'objet choisi ne fut connu que de deux expérimentateurs, aucun des autres membres de la famille n'étant présent. »

Un fait plus caractéristique encore, que M. de Varigny a oublié et que nous traduisons des mêmes *Proceedings* (1), est le suivant : « Nous avons dans notre collection plusieurs cas où, à une question mentale de la part de quelqu'un de présent il a été répondu par écrit, soit sur une planchette ou avec un simple crayon, sans aucune conscience de la question comme de la réponse de la part de la personne dont la main était mue automatiquement. » Et en note, M. Edmund Gurney, l'auteur de l'article, ajoute : « M. Myers et moi nous avons constaté le phénomène dans des conditions qui ne permettent pas le moindre doute touchant sa réalité. »

A ces exemples, je puis en ajouter un, où l'opérateur et le sujet sont connus de moi. L'opérateur fut l'ami qui me rapporta de la rue Pigalle mes noms

---

(1) Numéro de décembre 1884.

écrits sur une grande feuille de papier par la main automatique dont il a été question plus haut, et le sujet, un fonctionnaire public très considérable, que l'expérience à laquelle il s'était prêté contraria beaucoup. Le sujet était debout, et l'opérateur derrière lui ; ils ne pouvaient avoir entre eux aucune communication. Dans cette situation, le sujet, qui n'avait point été hypnotisé, fit une foule de gestes successifs des pieds, des mains, de la tête, quelques-uns même grotesques et qui étaient tout à fait contraires aux habitudes graves du personnage ; il avançait ou reculait, s'asseyait, se relevait, paraissant toujours agir sous l'irrésistible pression d'une volonté qui n'était pas la sienne. Or, tous ces gestes, tous ces mouvements étaient ceux que l'opérateur avait mentalement voulu qu'exécutât son patient.

La suggestion mentale, que M. le docteur Bottey traite pourtant « de jonglerie (1) », au risque de s'entendre traiter lui-même par un autre docteur très sérieux, M. de Varigny, de « personne croyant tout savoir, bien plus que de véritable chercheur de vérité », la suggestion mentale, dis-je, quelle qu'en soit la nature, est un fait indéniable.

(1) *Le magnétisme animal*, p. 268.

Ce qui ne l'est pas moins, quoique plus mystérieux encore, c'est la suggestion mentale à distance, c'est surtout la suggestion que j'appellerai de provenance occulte, en attendant qu'on en ait déterminé le véritable agent. Citons des exemples de l'une et de l'autre.

1. *Suggestion mentale à distance.* — M. le professeur Henry Sidgwick publie, dans le numéro des *Proceedings* de juillet 1884, l'extrait suivant d'une lettre qui lui a été adressée de Winchester, en date du 31 janvier de la même année, par un conducteur de travaux qui signe Alexandre Skirving :

« Il y a plus de trente ans, j'habitais Londres, où
» je demeurais près de l'endroit où se trouve aujourd'hui la gare du Great Western Railway. Je
» travaillais à Regent's Park, mais comme la distance du chantier à mon logis était trop grande
» pour que je pusse y aller prendre mes repas, j'emportais avec moi ma pitance, de sorte que je n'avais
» pas à bouger de la journée. Un jour, cependant,
» je fus pris tout à coup d'une envie démesurée
» d'aller à la maison ; mais, n'ayant rien à y faire,
» j'essayai d'y résister : impossible, l'envie croissait
» de minute en minute. Il était dix heures du matin,
» et je n'imaginais pas que rien, à pareille heure,

» pût me faire quitter mon travail. J'étais inquiet,
» mal à l'aise, et je sentais qu'il fallait que je par-
» tisse, au risque de paraître ridicule à ma femme,
» car je ne savais quelle raison j'aurais pu prétexter
» pour expliquer ma venue. Néanmoins, je n'y tenais
» plus, et je pris le chemin de mon domicile, poussé
» par une force à laquelle je ne pus résister. Arrivé
» devant ma porte, je frappai, et la sœur de ma
» femme, une personne mariée, qui demeurait quel-
» ques rues plus loin, vint m'ouvrir. Elle parut
» tout étonnée de me voir et s'écria : « Comment,
» Skirving, avez-vous appris ? — Appris quoi ?
» dis-je. — Et ce qui vient d'arriver à Marie ! —
» Mais je ne sais rien : qu'est-il donc arrivé à Marie
» (ma femme) ? — Alors, qu'est-ce qui vous
» amène à la maison ? — Je ne saurais le dire,
» répondis-je. Il m'a semblé que j'avais affaire ici.
» Mais qu'y a-t-il donc ? » Elle me raconta qu'un
» fiacre venait de passer sur le corps de ma femme,
» il y avait environ une heure ; qu'elle avait été très
» grièvement blessée, et qu'elle n'avait cessé de
» m'appeler, mais que, dans ce moment, elle avait
» une attaque de nerfs. Je montai l'escalier, et quoi-
» qu'elle fût très mal, elle me reconnut, étendit les
» bras, m'entoura le cou et me pressa contre son

» sein. L'attaque passa, et ma présence ayant paru
» la calmer, elle finit par s'endormir et se trouva
» mieux. Sa sœur me dit qu'elle avait poussé les cris
» les plus déchirants, me suppliant de venir à elle,
» quoiqu'il n'y eût pas la moindre apparence que
» cela fût possible. Ce court récit n'a qu'un mérite,
» celui d'être strictement vrai. »

On pourrait multiplier considérablement les exemples de la nature de celui qui précède ; si nous l'avons choisi de préférence à une foule d'autres, que nous tenons de personnes très dignes de foi, c'est parce qu'il se présente avec l'estampille d'une société de savants honorables, ce qui lui donne un droit plus particulier au respect de la science professionnelle.

Outre la transmission de la pensée, on a le transfert de l'idée, celui d'une sensation, d'un sentiment, sans qu'il y ait participation de volonté de part ni d'autre. La transmission de la pensée ou suggestion mentale, comme dans les exemples qui précèdent, est voulue ; dans ceux qui suivent, l'idée semble se transporter d'elle-même :

« Dans le courant de l'été de 1875, vers huit heures
» du soir, je m'en retournais chez moi, Holy-Road,
» par le tramway, lorsqu'il me vint à l'esprit que
» mon aide, M. Schell, un Hollandais, qui ne savait

» que très peu l'anglais, — il devait venir me voir ce
» soir-là, — me demanderait ce que signifie en hol-
» landais la locution anglaise *to wit* (c'est-à-dire).
» L'impression fut si vive que, arrivé à la maison,
» j'en fis part à ma femme et allai même jusqu'à la
» griffonner sur le coin d'un journal que j'étais en
» train de lire. Dix minutes après, Schell arriva, et
» presque ses premières paroles furent celles-ci :
« Comment dit-on en hollandais *to wit* ? » Les mots
» griffonnés sur le coin du journal n'étaient pas à por-
» tée de sa vue, et il en était éloigné d'un bon nombre
» de pas. Je lui montrai aussitôt la feuille, avec la
» note qui s'y trouvait, en lui disant : « Vous voyez
» que j'attendais votre question. » Il me dit qu'il
» avait résolu de me la poser juste au moment de
» quitter son domicile de Kentish-Town, son inten-
» tion étant de faire ce soir-là même la traduction
» d'un passage anglais où le mot se trouvait. Il avait
» l'habitude de faire de ces traductions pour se per-
» fectionner dans la langue anglaise. Le moment
» où il prit sa résolution répondait, autant que
» nous pûmes nous en rendre compte, à celui où
» j'en reçus l'impression. »

Cette communication, qu'on lit dans le numéro des *Proceedings* de juillet 1884, est signée J.-G. Keulemans. Elle se trouve insérée dans le rapport d'une commission de la Société psychique, qui la prend sous sa responsabilité, en déclarant qu'elle émane d'une personne connue, en qui l'on peut avoir une entière confiance.

Comme exemple de transfert de la sensation, en dehors de toute participation de la volonté, nous pourrions citer celui d'un malheureux, roué vif au dernier siècle, dont la pauvre mère, à plus de quinze lieues de distance de là, sentit sur elle-même tous les coups que recevait son enfant, au moment où on les lui donnait : l'histoire nous a été racontée, il y a longtemps, par un homme des plus vénérables, fils d'un honnête conventionnel, député du Lot, qui avait été juge en l'affaire.

Les *Proceedings* abondent de faits de genre analogue, tous publiés sous la garantie de la Société. En voici un des plus caractéristiques, qui lui a été communiqué par M. le professeur Ruskin :

« Brantwood, Coniston, le 27 octobre 1883.

» Je me réveillai en sursaut, sentant que je venais
» de recevoir un fort coup sur la bouche, et avec
» le sentiment très net que j'avais été coupée et que
» je saignais au-dessous de la lèvre supérieure ; je

» pris aussitôt mon mouchoir de poche, que je
» pressai par un petit coin contre la partie souf-
» frante. Je m'étais mise sur mon séant, et au bout
» de quelques secondes, quand je retirai mon mou-
» choir, je fus étonnée de ne pas y voir du sang. Je
» me convainquis alors seulement qu'il était impos-
» sible que j'eusse été frappée, et comme j'étais
» tout à fait endormie dans le moment de la sensa-
» tion, je crus que ce n'était qu'un rêve. Je regar-
» dai à ma montre, et je vis qu'il était sept heures ;
» m'apercevant qu'Arthur (mon mari) n'était pas
» dans la chambre, j'en inférai (avec raison) que,
» comme il faisait beau, il devait être sorti pour
» une promenade matinale en canot sur le lac. Je
» me rendormis donc. A déjeuner, vers neuf heures
» et demie, Arthur revint, un peu en retard, et je re-
» marquai qu'il s'était assis à dessein un peu plus
» loin de moi qu'à l'ordinaire, et que de temps en
» temps il portait furtivement son mouchoir à la
» lèvre, exactement comme je l'avais fait : « Arthur,
» lui dis-je, pourquoi faites-vous cela? » Et j'ajou-
» tai, un peu inquiète : « Je sais que vous vous êtes
» fait du mal; mais je vous dirai ensuite comment
» je le sais. — Eh bien! dit-il, comme je navi-
» guais, une rafale soudaine arrive, qui fait tourner

» la barre du gouvernail ; je reçois un vilain coup de
» barre à la bouche, au-dessous de la lèvre supé-
» rieure; le sang a coulé en assez grande abondance,
» et j'ai dû arrêter. — Savez-vous, repris-je,
» quelle heure il était quand la chose a eu lieu ? —
» Il pouvait, répondit-il, être environ 7 heures. »
» Je racontai alors ce qui m'était arrivé, à sa grande
» surprise et à celle de tous ceux qui étaient à dé-
» jeuner avec nous. C'est à Brantwood, il y a trois
» ans environ, que la chose se passa. »

La lettre qui précède est signée Joan R. Severn. Elle est suivie d'une autre du mari de cette dame, M. Arthur Severn, un paysagiste distingué, qui la confirme dans tous ses détails.

Au premier des deux faits de suggestion ou transfert de sensation que je viens de rapporter on objectera peut-être que la mère du malheureux supplicié, sachant la condamnation de son fils et s'attendant à ce qui arriva, put subir en la circonstance le contrecoup de son imagination. Je ne me rappelle pas que, dans le récit qui me fut fait de l'histoire, on m'ait dit que cette mère, qui, pourtant, était à quinze lieues de là, ignorât ce qui devait avoir lieu. La concentration de l'attention comptée parmi les causes qui peuvent déterminer l'extase, la catalepsie, l'hyperes-

thésie et la plupart des états que l'on connait, pourrait, si elle ne l'ignorait point, expliquer sa propre torture, comme elle explique les stigmates avérés de beaucoup de saints. Saint François de Sales dit de ceux de saint François d'Assise : « Son âme,
» amollie, attendrie et presque toute fondue en son
» amoureuse douleur, se trouva par ce moyen extrê-
» mement disposée à recevoir les impressions et
» marques de l'amour et douleur de son souverain
» amant. Car la mémoire estoit toute détrempée en
» la souvenance de ce divin amour, l'imagination
» appliquée sûrement à se représenter les blessures
» et meurtrissures que les yeux regardaient alors si
» parfaitement bien exprimées en l'image présente;
» l'entendement recevait les espèces infiniment vives
» que l'imagination lui fournissait, et enfin l'amour
» employait toutes les forces de la volonté pour
» se complaire et conformer à la passion du bien-
» aymé, dont par quoi l'âme sans doute se trou-
» vait toute transformée en un second crucifix.
» Or, l'âme, comme forme et maîtresse du corps,
» usant de son pouvoir sur iceluy, imprima les dou-
» leurs des playes dont elle estoit blessée ès endroits
» correspondants à ceux èsquels son amant les avoit
» endurées. L'amour est admirable pour aiguiser

» l'imagination, afin qu'elle pénètre jusqu'à l'exté-
» rieur(1). » Mais le second fait, celui de Mme Severn, se refuse à toute explication de ce genre ; ici, la sensation s'est transmise d'elle-même, indépendamment de la volonté de l'un comme de l'imagination de l'autre.

2. *Suggestion mentale de provenance occulte.* — En qualifiant d'origine occulte le genre de suggestion dont je vais rapporter deux exemples, ce n'est pas que je veuille dire qu'elle n'a pas de cause naturelle, mais c'est uniquement pour ne rien préjuger à l'égard de la provenance et réserver une explication pour un temps où l'on pourra théoriser sans moins de danger d'erreur. Le premier des exemples est emprunté aux *Proceedings*, numéro de juillet 1884. Voici ce que le Révérend Andrew Jukes écrit de Woolwich à cette Revue :

« Le lundi, 31 juillet 1854, j'étais à Worksop,
» chez M. Heming, alors agent en cet endroit du
» duc de Newcastle. Ce jour-là, dans la matinée,
» juste au moment où je me réveillais, — d'aucuns
» diraient que je rêvais peut-être, — j'entendis la
» voix d'un ancien camarade de classe, décédé depuis

---

(1) *Traité de l'amour de Dieu*, livre VI, ch. 15.

» au moins un an ou deux, qui me dit : « Votre
» frère Mark et Harriet sont morts tous les deux. »
» Ces paroles résonnèrent à mon oreille comme je
» me réveillai. Il me sembla les avoir entendues.
» Mon frère était alors en Amérique, et lui et sa
» femme se portaient bien à la date des dernières
» nouvelles que j'avais reçues d'eux ; mais les pa-
» roles ci-dessus avaient fait sur mon esprit une
» impression si vive, que, avant de quitter la cham-
» bre, je les écrivis à la hâte sur un morceau de
» vieux papier, le seul qu'il y eût là. Était-ce la
» finale d'un rêve, qui se terminait au moment de
» mon réveil? Cela m'avait semblé une voix sortant
» de l'invisible. Ce même jour je retournai à Hull,
» où je fis part de la chose à ma femme ; j'inscrivis
» l'incident, qui m'avait profondément impressionné,
» sur mon journal, que je conserve toujours. Le
» 18 août, — c'était avant le télégraphe transatlan-
» tique, — je reçus de la femme de mon frère, Har-
» riet, un mot, daté du 1er août, où elle me disait
» que Mark venait de rendre le dernier soupir, mort
» du choléra ; après avoir prêché le dimanche, il
» avait été attaqué, le lundi, du choléra, et était
» mort le mardi matin ; qu'elle était elle-même
» malade, et que, au cas où elle mourrait, elle dési-

» rait que leurs enfants fussent ramenés en Angle-
» terre. Elle mourut deux jours après son mari, le
» 3 août. Je partis immédiatement pour l'Amérique
» et en ramenai les enfants. La voix qu'il m'avait
» semblé entendre, et que je crus d'abord avoir dû
» être une sorte de rêve, eut un tel effet sur moi, que,
» quoique la cloche sonnât le déjeuner, je restai
» quelque temps sans descendre, et tout ce jour-là,
» non plus que les jours suivants, je ne pus me
» remettre du coup. J'avais été fortement impres-
» sionné, et je demeurai convaincu que mon frère
» était mort. Mais vous remarquerez que, au moment
» où il me sembla entendre cette voix, mon frère
» n'était pas mort encore. Il mourut le lendemain
» matin, 1er août, et sa femme deux jours après,
» c'est-à-dire le 3 août. Je ne cherche pas à expli-
» quer la chose, je ne fais qu'exposer. Je devrais
» peut-être ajouter que nous ne savions pas du tout
» que le choléra fût dans le voisinage de la paroisse
» de mon frère. Ma première impression avait été que
» lui et sa femme, si la voix ne mentait point,
» avaient dû être emportés par quelque accident de
» chemin de fer ou de bateau à vapeur. »

Le second exemple m'est fourni par ma propre
famille ; je puis en garantir la parfaite authenticité.

Un de mes anciens camarades d'enfance et amis de collège, devenu depuis mon neveu par son mariage avec la fille d'une de mes sœurs, avait, depuis plusieurs années déjà, perdu un charmant enfant de six ans, qu'il affectionnait beaucoup. Une nuit, — nuit profonde d'hiver, — il est réveillé en sursaut par ce qu'il crut être la voix de cet enfant, qui lui disait de courir à son bureau. Ce bureau n'était pas contigu à la chambre à coucher; il fallait, pour y aller de là, traverser une autre pièce, puis un petit couloir. Mon neveu, à la voix qu'il lui avait semblé entendre, se lève précipitamment. Sa femme, que le bruit réveille, lui ayant demandé où il allait, il lui répond : « J'ai entendu la voix de notre pauvre Louis, — c'était le nom du petit mort, — me disant de courir au bureau; j'y vais. » Il y arriva juste à temps pour éteindre un incendie qui commençait à jeter des flammes et qui n'eût pas tardé à embraser, non seulement la pièce attaquée, mais toute la maison. Le feu venait d'une allumette jetée dans une corbeille, quelques heures auparavant, non point par mon neveu, — ce qu'il importe de noter, — mais par son fils aîné, qui était sorti le dernier du bureau et qui, pour le moment, dormait dans sa chambre d'un paisible sommeil.

Dans la séance de la Société des recherches psychiques du 28 mars 1884, présidée par M. le professeur Sidgwick, le rapporteur du Comité littéraire, comité composé de MM. W.-E. Barrett, membre de l'Institut d'Édimbourg; Charles-C. Massey; le Révérend W. Stainton Moses, licencié ès lettres; F. Podmore; Edmund Gurney et F.-W.-H. Myers, également licenciés, résumait de la manière suivante ce qui, au jugement du Comité, ressortirait des faits dont nous avons donné quelques exemples :

« Nous avons, en nous en tenant à peu près à la division communément admise de la nature de l'homme en émotions, volonté, sensibilité et intelligence, signalé sous chacun de ces titres quelques phénomènes en apparence anormaux et aberrants, que nous avons essayé de mettre en étroit parallèle avec l'expérience de fait et de réunir provisoirement sous la dénomination générale de *télépathie*, télépathie dont il reste maintenant à établir la loi précise. En attendant, nous devons tout particulièrement prévenir le lecteur de ne pas conclure du mot de *force*, dont nous sommes obligés de nous servir, que la loi est nécessairement une loi *physique*, ou que cette force opérant à distance peut, d'une manière quelconque, être assimilée (*coordinated*) aux forces reconnues du monde matériel. Comme pour d'autres phénomènes délicats de la vie et de la pensée, le côté *subjectif* du problème est le seul que nous puissions analyser encore ; quant au côté *objectif*, nous ne savons même où le chercher. S'il y a réellement une contre-partie au fait de la *transmission*, — au-dessus et au delà des mouvements des deux cerveaux qui sont les *termini* du transfert, — cette contre-partie nous demeure tout à fait inconnue. Les analogies physiques jusqu'ici mises en avant pour expliquer les impulsions télépathiques sont des expédients d'imagination et rien de plus. L'« ondulation cérébrale » (*brain-wave*) de M. Knowles a été une métaphore bien choisie pour ce qu'il en voulait faire, à savoir, pour attirer l'attention publique sur un nouveau champ de recherche. Mais la transformation, selon le Dr Maudsley, de l'« ondulation cérébrale » en ce qu'il appelle ambitieusement l'« éther mentifère » ne sert qu'à mettre davantage en relief l'absence réelle de ressemblance démontrable entre les modes psychiques et les modes physiques de communication. En fait, le premier *nœud* du problème est dans le rapport de *télépathie* à *espace* et à *matière*, dans les états où la matière nous est connue. A moins que quelque rapport semblable ne soit démontré, nous ne pouvons raisonnablement parler de *télergie psychique*, — de l'action d'un esprit sur un autre esprit à distance, — comme corrélative à quelqu'une des énergies que nous avons appris à mesurer. La force de gravitation même diminue avec la distance, et il n'y a pas de force dont l'influence sur un point éloigné ne puisse être interceptée par différentes formes de matière, tandis que, d'un autre côté, il ne paraît pas improbable que l'action d'un esprit sur un autre esprit opère aussi aisément de Londres à Melbourne que de cette pièce à la pièce voisine. Il est vrai que, dans nos expériences actuelles, nous avons trouvé que le rapprochement de l'agent et du sujet était, toujours dans l'état normal et d'ordinaire dans l'état hypnotique, une condition nécessaire de succès; mais, dans nos expériences, nous paraissons avoir affaire à de faibles degrés de début d'un *rapport* qui, une fois bien établi et vivifié par des stimulants adéquats, pourra être transmis sans altération ni retard appréciables, non seulement à travers des murs, mais par de là des océans, ou à travers le centre de la terre. Considérant donc que des conceptions physiques nous ne pouvons rien espérer de plus à présent que des *analogies suggestives*, nous préférons chercher ces analogies de plus de côtés que d'un seul, non seulement dans la *radiance* et l'*ondulation*, mais aussi dans l'*attraction* et l'*affinité*.»

Nous croyons, avec le savant auteur du rapport auquel appartient l'extrait qui précède, que les modes psychiques de communication ne sauraient être assimilés aux modes physiques de transmission suggestive ; que l'action d'un esprit sur un autre esprit à distance, telle qu'elle résulte des faits cités et d'une foule d'autres tout aussi certains, n'a de rapport avec aucune des énergies que nous avons appris à mesurer ; que, en un mot, il ne peut, dans les faits qu'on vient de dire, être question de *télergie psychique*. De là il ressort que l'espace n'a de réalité que pour la vie des sens ; que, pour celle de l'esprit ou, si l'on veut, pour la vie de la psyché, qui n'est pas moins réelle, ainsi que le prouvent les faits établis, il est comme s'il n'était point. Et ce qui est vrai de l'espace l'est du temps à un égal degré ; temps et espace sont corollaires l'un de l'autre, en ce sens qu'ils ne se peuvent concevoir séparément. On peut donc, d'après ce principe, si l'on admet, comme nous l'admettons, la vérité du récit télépathique du Révérend Andrew Jukes, admettre aussi la transmission à distance de l'impression ou dramatisation idéale d'un fait qui, pour sa perception sensitive, n'est encore qu'en préparation ; ce qui, néanmoins, ne veut pas dire que le drame idéal ait déterminé le drame réel ni même qu'il l'ait précédé de fait. Un exemple qui m'est personnel éclairera d'un peu de jour, s'il ne l'explique pas encore, ce singulier phénomène.

Il est d'usage, dans mon pays, quand arrivent les vendanges, de suspendre par rangées de bouquets de grappes aux poutres du plafond les raisins que l'ont veut conserver. La chambre où je couchais, alors adolescent, en était garnie. On était à la fin de septembre ; il faisait très chaud. Je dormais un bras étendu sur le lit, hors de la couverture, et je rêvais. Dans ce rêve, je me trouvais en prison, un bras, le même que j'avais hors du lit, sortant par un petit guichet et comme raidi à l'extérieur. Je voyais s'avancer de loin une troupe d'hommes à cheval, sabre nu à la main, qui se dirigeaient vers mon cachot et qui, à mesure qu'ils approchaient, semblaient en vouloir à mon pauvre bras, que je faisais des efforts désespérés pour retirer à l'intérieur de la prison. Je suais, j'étais essoufflé. Mes bourreaux arrivent enfin ; l'un d'eux laisse tomber son sabre et d'un coup m'abat le bras. Je me réveillai en sursaut, et au même moment, pas une seconde plus tôt, juste comme mon bras recevait le coup de sabre, un gros bouquet de raisins détaché du plafond, au-dessus de ma tête, vient se briser sur lui.

Il ressort de là, tout au moins, que la réaction

idéale de la pensée, dans mon cerveau, avait précédé
la perception formelle de l'impression reçue, ou, en
d'autres termes, que le mouvement de ma pensée,
évidemment déterminé par l'impression sensorielle,
n'avait pas eu lieu au retour parallèlement à celui
de la sensation proprement dite ; car, lorsque je me
réveillai précipitamment et que je vis et sentis à la
fois la grappe tomber, j'avais eu, ne fût-ce que l'espace de quelques secondes, le temps de construire
tout un drame et de m'en affecter au point d'être
tout suant et tout essoufflé. De là encore je puis, ce
semble, être autorisé à conclure qu'il n'y a ni identité ni simultanéité absolues d'information entre
l'esprit et les sens : que celui-là, d'allure infiniment
plus simple, moins entravé dans ses mouvements
que les organes compliqués de la sensation, peut
devancer les sens dans la définition du même objet
et produire en nous des phénomènes qui, à ne les
considérer que comme résultats directs de l'impression reçue, pourraient être qualifiés, quoique à tort,
de pressentiment ou de prévision. Que l'on suppose
ensuite le mouvement de réaction sensitive plus lent
qu'il ne le fut chez moi, hypothèse qu'autorisent
d'un côté l'empâtement plus ou moins épais du sommeil et un réveil plus ou moins hâtif, de l'autre une

paresse plus grande des sens même à l'état de veille, et l'on concevra la possibilité de degrés à établir dans l'avance de la pensée sur la sensation, et d'apparences de prévision et de pressentiment plus ou moins caractérisées. C'est même cette précession de la pensée sur la définition adéquate de l'impression sensorielle qui explique la dramatisation qui en est faite par l'esprit avec d'autres éléments que ceux qu'il n'a pas encore, c'est-à-dire avec des éléments existant déjà, il est vrai, dans le cerveau, mais qui, loin de reproduire les traits de la réalité objective, n'en sont et n'en peuvent être que le symbole, un des milliers de symboles possibles. Il en est ici comme dans beaucoup de songes, qui ne sont souvent que des signes diagnostiques, non pas, certes, d'une impression ou d'un état dont on puisse préciser exactement les termes, mais d'une diathèse physique ou morale, quelquefois d'une sensation particulière qui, d'abord symbolisée dans le cerveau sous forme dramatique, reste ensuite à définir.

Il n'y a pas, avons-nous dit, simultanéité de mouvements entre les réactions de l'esprit et celles des organes sensitifs. Nous pourrions ajouter que ce défaut d'isochronisme existe entre les perceptions du même objet par les sens différents, si ce défaut n'était pas plutôt le résultat de causes dans lesquelles la sensation ne paraît être pour rien. Si, par exemple, les perceptions de la vue devancent celles de l'ouïe ; s'il y a longtemps que j'ai aperçu l'éclat de la foudre quand le grondement en arrive à mon oreille, je sais que cela tient, non pas à des différences de perception, mais aux différences de vibration du son et de la lumière. Il n'y aurait donc rien à induire de là contre l'isochronisme des mouvements sensoriels. Mais, tout en admettant que la transmission au cerveau ait lieu par un même mouvement ou des mouvements isochrones pour les choses vues, ouïes, touchées, goûtées ou senties, il n'en est pas moins vrai que, l'impression de ces différentes propriétés d'un même objet s'effectuant sur nos sens en temps inégaux ou par intervalles, il y a nécessairement avance des mouvements de réaction les uns sur les autres, de sorte que je n'ai jamais d'un seul et même coup une perception adéquate entière de quoi que ce soit. Connaissant les différents degrés de vitesse des propriétés en question, je puis donc, sur la perception de celle qui se révèle la première à moi, déterminer, à raison de leur inséparabilité, le moment exact où les autres seront perçues. Partant de ce principe, et sachant, par exemple, que le son fait envion 2 kilomètres et demi par minute, tandis que la lumière en fait plus de cent mille dans le même espace de temps, si un rayon d'une nature spéciale, partant d'un astre, devait être accompagné d'un éclat analogue à celui de la foudre et que nous pussions entendre, comme nous le voyons, je pourrais prédire plusieurs années, plusieurs siècles même d'avance, selon la distance de l'astre, à jour et à heures fixes, l'ébranlement qui en pourrait résulter, et passer pour prophète dans un milieu d'aveugles ignorants. Il suit de ce fait que l'âme peut percevoir au présent ce qui, pour la sensation, est encore à venir, et qu'elle le perçoit d'un seul et même coup pour toutes les différences de temps et d'espace, soit, en d'autres termes, indépendamment de l'espace et du temps. La chose ainsi admise, étant posé le principe que les mouvements réactifs de l'esprit devancent ceux de la sensation proprement dite d'un temps qui varie suivant le plus ou moins de liberté mentale, comme de vivacité des sens, et selon que nous veillons de façon plus ou moins dégagée ou que nous dormons d'un sommeil plus ou moins profond, il doit paraître évident qu'il n'y a pas de limites à assigner au degré de précession dont il s'agit ici.

VI

Ces faits établis, on pourrait y baser une certaine théorie de la prévision ; mais, pour la prophétie proprement dite, qui, en admettant qu'elle soit possible, ne saurait avoir, dans tous les cas, de caractère scientifique, il faut autre chose. Nous devons tenir pour démontré que le germe d'une évolution quelconque, physique ou morale, se développe conformément à des lois d'hérédité et d'adaptation ou de milieu. Or, si, comme je le disais dans les premières pages de ce livre, le monde, avec ces mêmes lois, eût pu être tout autre qu'il n'est, toute manifestation étant liée à des conditions variables avec les milieux dans lesquels se produit le mouvement, il n'y a point et il ne semble pas qu'il puisse y avoir de science de l'avenir ou de définition exacte et précise de ce que devra être la *morphé* des degrés évolutionnels, c'est-à-dire que la pré-science, — car cette science, comme nous

l'entendons ici, ne serait pas autre chose, — est une affirmation creuse, au fond de laquelle il n'y a rien de positif. Mais s'il ne peut exister de science de l'avenir et que la pré-science soit un vain mot, on n'en saurait dire tout à fait autant de l'intuition en tant que présensation ou pressentiment. Disons d'abord, pour qu'on ne se méprenne pas sur notre pensée, que, les conclusions scientifiques ne pouvant avoir d'autre base que les faits d'observation et d'expérience, l'intuition n'aura jamais ni le caractère ni la valeur d'un critérium de certitude. Il n'est pas possible de construire le monde d'avance, et la connaissance des phénomènes naturels, en la supposant infuse en nous, ne s'en dégagerait point, comme le dit Claude Bernard, par la seule force de l'esprit et du raisonnement. Néanmoins, ajoute ce grand physiologiste, « ce serait une erreur de croire que le sa-
» vant qui suit les préceptes de la méthode expéri-
» mentale doive repousser toute conception *à priori*
» et imposer silence à son sentiment pour ne plus
» consulter que les résultats de l'expérience. Non,
» les lois physiologiques qui règlent les manifesta-
» tions de l'intelligence humaine ne lui permettent
» pas de procéder autrement qu'en passant toujours
» et successivement par le sentiment, la raison et

» l'expérience ; seulement, instruit par de longues
» déceptions et convaincu de l'inutilité des efforts de
» l'esprit réduit à lui-même, il donne à l'expérience
» une influence prépondérante et il cherche à se pré-
» munir contre l'impatience de connaître qui nous
» pousse sans cesse vers l'erreur (1). » De l'aveu de
Claude Bernard, on peut donc avoir le tourment de
l'inconnu, ce qui revient à dire qu'on en peut pressentir la formule : « L'inconnu seul nous agite et
» nous tourmente, dit-il, et c'est lui qui excite sans
» cesse nos aspirations à la recherche des vérités
» nouvelles dont notre sentiment a l'intuition cer-
» taine. »

Si l'inconnu nous agite et nous tourmente, c'est que l'idéal et les aspirations qu'il provoque ne sont pas de vaines chimères ; c'est aussi que le pressentiment et l'intuition, dans le cœur et l'esprit de l'homme, ont droit à ce qu'on y applique l'observation et l'analyse : beaucoup d'hypothèses devenues des vérités n'ont pas eu d'autre origine. Nous sommes donc autorisés à en faire l'étude. Peut-être s'en dégagera-t-il cette conclusion, que, sans être une vue formelle de l'avenir ni mériter le nom de clairvoyance

(1) *Discours de réception à l'Académie française.*

proprement dite, la mantique a pourtant sa raison, et qu'il serait injuste de classer au rang des imposteurs ou même des hallucinés tous les voyants, devins et prophètes indistinctement.

Il y a, dans la mystique de toutes les religions, un état imaginatif improprement appelé *ascèse*, dans lequel, ainsi que s'exprime le cardinal Bona, « l'es» prit, élevé à l'intuition faciale de Dieu, perçoit » l'éternelle vérité d'un pur regard, avec certitude et » clarté, sans la multiplicité des raisonnements (1). » Les théosophes bouddhistes professent à peu près les mêmes idées : « L'occultiste, dit un de leurs organes, » préfère, — pour arriver à la science, — s'unir » avec le centre de l'univers et de là plonger le re» gard dans le tout infini ; il essaie de mettre tout » son être en harmonie avec l'esprit universel, pour » entrer mentalement au cœur même des choses, et » par là en acquérir la vraie connaissance (2). » Il n'y a entre les deux doctrines qu'une différence, encore n'est-elle que dans la forme. Tandis que la doctrine chrétienne, qui pose Dieu en dehors de la nature, tient que l'esprit peut s'élever à la vue de

(1) *Via compendii ad Deum*, c. 9 n. 4.
(2) *Theosophist* de Madras, numéro d'août 1881.

Dieu face à face, en dehors, par conséquent, de cette même nature, le Bouddhisme, pour lequel il n'y a de Dieu que le Divin naturel, estime qu'on ne peut en acquérir la connaissance que par l'étude de ses manifestations, qui sont les phénomènes de la nature elle-même : « L'occultiste, dit le journal précité, ne
» croit pas qu'il existe rien qui ne soit Dieu ; il croit
» que Dieu est tout ce qui existe, quoique nous ne
» puissions voir l'essence de Dieu, que nous ne
» percevons que dans ses manifestations ; car les
» choses que nous percevons par les sens phy-
» siques ne sont pas les choses elles-mêmes, mais
» seulement leurs attributs. »

A première vue, les deux genres de contemplation paraissent contraires ; au fond ils sont identiques. Le Bouddhisme, qui, du reste, ne fait ici que reproduire la philosophie courante de l'Inde, a beau proclamer, en effet, qu'on n'arrive à la connaissance de Dieu que par l'étude de ses manifestations ou des seuls phénomènes de la nature, comme il enseigne que ces phénomènes ne sont rien en eux-mêmes et résultent du développement d'une idéologie cosmique éternelle, par conséquent fixe et absolue, et que, d'un autre côté, c'est du centre de cette idéologie qu'il fait rayonner sa contemplation, n'est-ce pas d'une harmonie préétablie qu'il part, lui aussi, et peut-on dire que son Para-Brahm ou Divin ne soit pas, au bout du compte, une façon de Cosmocrator et qu'il ait rien de commun avec l'éternel Devenir de notre science ? J'ai dit, au chapitre premier de ce livre, que, bien que l'idée soit le principe de morphogénie extérieure, elle n'en est pas moins elle-même une forme, par conséquent le résultat d'une évolution, un devenu ; qu'il ne saurait, dans cet état de choses, y avoir de morphé idéologique éternelle, d'où il suit que l'harmonie préétablie des philosophies indiennes, pour se parer d'une autre dénomination que celle-là, n'en est pas moins un *à priori* aussi peu scientifique que le Divin surnaturel, dont elle n'a même pas la logique.

Ces réserves faites, nous ajoutons que tout n'est pourtant pas à dédaigner dans l'un et l'autre de ces systèmes de contemplation ; qu'il y a là un fond réel scientifiquement démontrable, qui peut, jusqu'à un certain point, déterminer, sinon une connaissance précise, du moins une vue générale de l'évolution morphogénique, un pressentiment de certaines formes conditionnelles de l'avenir, d'événements d'apparence contingente ; que la mantique, en un mot, n'est pas nécessairement un mensonge. Il est incontestable que nous sommes individuellement une synthèse biologique, tant physique que morale, de la famille, de la commune, de la nationalité, de la race, de l'espèce, du genre, de tout ce qui nous a précédés dans la vie. Il a été démontré que « chaque animal, ainsi que s'exprime Claude Bernard (1), reflète dans son évolution embryonnaire les organismes qui lui sont inférieurs »; que les mieux doués, sous le rapport de l'organisation, comme les mammifères et l'homme, ne sont arrivés à cet état plus élevé qu'après avoir passé par des formes où se sont provisoirement arrêtées d'autres classes animales inférieures. Et ce qui est vrai de l'organisme physique l'est à un égal degré de la formation morale. Nous devons à nos devanciers tout ce que nous sommes, et c'est pourquoi, — soit dit en manière de digression, — si, abstraction faite de l'Infini inconnaissable, notre suprême principe, il y a un culte qui soit légitime, c'est assurément celui de la famille, de la patrie et de l'humanité, généralement en elles-mêmes et formellement dans leurs messies. Isolé de ce passé, dont les racines plongent dans l'éternité *antè*, pour me servir d'un terme de l'École,

(1) *Physiologie du cœur.*

l'individu ne serait rien, absolument rien, quoique, comme devenu, il puisse, du point où il se trouve amené, ouvrir, à son tour, une série évolutionnelle de tout un monde à venir. Tout en se déplaçant toujours, il demeure donc toujours au centre d'un infini. Eh bien! que, se repliant en lui-même, sur le fond éternel où des myriades de siècles, qui vivent en lui et constituent son individualité et sa personne, ont laissé leur empreinte, il écoute attentivement la symphonie qui s'en dégage; que, frappée comme elle le sera nécessairement de la parfaite homogénéité de cet ensemble, sa vue intérieure y lise l'harmonimétrie des lois qui le régissent, il n'y aura rien d'illogique à supposer que, passant de l'éternité *antè* à l'éternité *post*, sa perception d'un passé formé devienne, par rapport à un devenir que ce passé contient en puissance et qui est à former d'après les mêmes lois, ou pressentiment ou intuition.

Thucydide, voulant faire ressortir l'utilité de l'histoire, a dit qu'on n'avait qu'à étudier les temps passés pour préjuger des incidents plus ou moins semblables dont le jeu des passions humaines doit amener le retour (1). Mais l'étude, comme l'entend

---

(1) *Guerre du Pélop.*, l. I, c. 22

ici ce grand maitre, c'est le raisonnement, c'est l'induction ; ce n'est pas l'intuition ou pressentiment, qui ne raisonnent pas et ne se laissent point mener par l'analyse.

Cicéron distinguait deux sortes de divinations, l'une conjecturale et l'autre naturelle : «*Iis assentior,* dit-il, *qui duo genera divinationis esse dixerunt, unum quod particeps esset artis, alterum quod arte careret. Est ars in iis qui novas res conjectura persequuntur, veteres observatione didicerunt ; carent autem arte ii qui non ratione aut conjectura, observatis ac notatis signis, sed concitatione quadam animi, aut soluto liberoque motu, futura præsentiunt* (1). »

Or, c'est de ce second genre de mantique qu'il s'agit ici, et c'est de lui que nous disons, avec Cicéron, qu'il y a à la base autre chose qu'une élaboration consciente de faits observés ; il y a une accumulation de sensations et de sentiments qui, après avoir débuté par la conscience, sont devenus à la longue ce que l'habitude fait de toutes choses, de simples instincts. « A l'origine, dit M. Th. Ribot, tout » instinct, simple ou complexe, a été une forme » quelconque de l'activité psychique ; mais, grâce à

(1) *De divinatione*, l. 1, 34.

» des répétitions perpétuelles chez l'individu et ses
» descendants, il s'est établi dans le système ner-
» veux de l'animal des dispositions permanentes,
» des connexions stables entre divers éléments ana-
» tomiques : l'instinct s'est enregistré, organisé. A
» mesure que les divers états physiologiques, d'a-
» bord accompagnés de conscience, sont devenus
» plus rapides, mieux coordonnés, la conscience
» s'est retirée d'eux, en sorte que ce mécanisme si
» régulier ne représente plus aujourd'hui que de l
» conscience éteinte. Est-il nécessaire de faire remar-
» quer que ces considérations sont applicables à
» tous les instincts, aux plus simples et aux plus
» complexes ? Ceux-ci, en effet, ne doivent pas
» être pris en bloc. Il ne faut pas oublier qu'ils se
» sont formés par des additions successives, pen-
» dant des générations sans nombre, par la coordi-
» nation, fusion et intégration d'instincts simples,
» et que chaque acquisition nouvelle a été fixée par
» la même transformation d'un processus conscient
» en processus automatique (1). »

A côté de la vie sensitive, de la perception immédiate de ce qui nous est présent, perception qui tend,

---

(1) *L'hérédité psychologique*, ch. 1er.

à son tour, à passer à l'état instinctif, il y a donc en nous une vie psychique de pur instinct, infiniment plus complexe, d'où la conscience s'est retirée par étapes successives, laissant naturellement à sa place le pressentiment et l'intuition, deux formes de cette perception instinctive devenue. Du fait de cette double vie il y a lieu de conclure à un double mode d'activité psychique : l'un, celui de la vie commune de chaque jour, procédant à la connaissance par les sens, la réflexion, la raison discursive, qui lie les idées, les compare, les coordonne, et qui induit ou déduit : c'est le mode scientifique ; l'autre, qui ne perçoit pas directement, ne discourt point, n'induit ni ne déduit, pour lequel il n'y a pas de catégories de temps et d'espace, tout étant au présent : c'est le mode intuitif, qui, sentant et voyant tout d'ensemble, ne peut l'exprimer que dramatiquement par images et symboles. A ce second mode d'activité, mode spécifique et d'instinct, doit être rapporté ce que dit Bacon, à savoir que « l'âme, repliée et re-
» cueillie en elle-même, non plus répandue dans les
» organes du corps, a, par la force propre de son
» essence, quelque pré-notion des choses futures ;
» cette force, — la divination native, — se révèle
» très bien dans les songes, les extases, aux confins

» de la mort, plus rarement pendant la veille ou
» quand le corps est sain et valide (1). » Après avoir
attribué la clairvoyance et la seconde vue en général à une illumination soudaine du cerveau, qui
éclairerait des sensations jusque-là restées dans
l'ombre, Brierre de Boismont n'en reconnaît pas
moins, de son côté, que tous les cas de ce genre
ne sont pas des cas d'hallucination maladive ; que
certains reposent sur une faculté de perception
supérieure, « une intuition surnaturelle » : à part cette
qualification, que nous remplacerions, nous, par
celle de vue extra-sensitive, Brierre n'est pas loin
de partager l'opinion de Bacon. Si je cite ces deux
noms à l'appui de ma thèse, c'est que ce sont ceux
de grands naturalistes qui font autorité, et que, quelque bonnes que soient des raisons, elles ont toujours,
dans les questions *débattables*, comme celle que je
traite ici, incontestablement, plus grand air, un air
qui commande plus d'attention, quand elles se présentent avec cet accompagnement. L'aveu, surtout, de

(1) ... *Quod anima in se reducta atque collecta, nec in corporis
organa diffusa, habeat ex vi propria essentiæ suæ aliquam prænotionem rerum futurarum : illa, divinatio nativa, vero optimè cernitur in somniis, ecstasibus, confiniis mortis, rarius inter vigilandum, aut cum corpus sanum sit ac validum.* Bacon, *De dignitate
et augmentis scientiarum.*

Brierre de Boismont, qui, bien que rapportant tout à l'opération directe et immédiate des sens, reconnaît cependant que tout ne se peut expliquer par elle, était précieux à noter. J'aurais pu citer encore Paracelse, Pomponace, Van Helmont, Cardan, Robert Fludd, et beaucoup d'autres auteurs de même genre, qui, pour avoir souvent divagué, n'en ont pas moins ouvert aussi de grands horizons sur l'au delà du monde sensible; mais multiplier les autorités, lorsqu'elles n'ajoutent rien de marquant aux autres motifs, ce n'est pas fortifier un raisonnement. Je ne puis, néanmoins, passer sous silence l'idée que se faisaient les anciens et qui ressort de leur religion touchant la mantique. Toute l'antiquité payenne à cru à la puissance prophétique de l'âme humaine, non pas seulement à une puissance d'inspiration, insufflée du dehors, mais à une faculté de divination native, ainsi que s'exprime Bacon.

Le Divin, dans toutes les ramifications de notre race aryane, ai-je dit ailleurs (1), est inhérent à la nature; les dieux en sont doués dans des proportions qui peuvent varier depuis celui des dieux enfants jusqu'au divin des maîtres du tonnerre, mais il ne

(1) Voir mes *Origines de la Religion*, t. I, p. 74 et suiv.

leur est pas exclusivement propre. Cassandre, pour avoir repoussé l'amour d'Apollon, est punie de la perte de son crédit; personne ne l'écoute, on ne la traite plus que « comme une vagabonde, une magicienne de carrefour »; mais le Divin n'en est pas moins demeuré en elle, et l'on sait par l'Agamemnon d'Eschyle de quelles terribles angoisses la vue de l'avenir torturait son âme.

De même que Cassandre, la Sibylle prophétisait par une vertu qui lui était propre ; le Divin lui était adhérent comme la chair l'est aux os. Rien de plus précis que le témoignage de Virgile à cet égard :

> *Bacchatar vates magnum si pectore possit*
> *Excussisse deum.* . . . .

La Sibylle était bien, en certains endroits, comme à Erythrée, à Cumes, au service d'Apollon, mais elle voyait par elle-même, et le dieu n'était que son autorité extérieure. Dans les funèbres visions de son *Dies iræ*, l'Église elle-même, continuant sur un autre terrain la foi traditionnelle de la Grèce et de Rome, a rendu témoignage à l'indépendance du *vaticinium* prophétique :

> *Dies iræ, dies illa.*
> *Solvet seclum in favilla,*
> *Teste David cum Sibylla.*

Ici la Sibylle n'est plus évidemment le *medium* d'Apollon ni d'aucune autre dénomination païenne; elle n'avait pas été non plus l'inspirée du Dieu d'Israel, comme le Roi-Prophète. C'était donc de sa poitrine même qu'elle tirait le Divin.

Les pythies avaient aussi le Divin en elles. L'oracle était exhalé de leur sein dans le paroxysme d'une frénésie rabique, comme l'odeur qui s'échappe de la plante. Le Divin passait pour quelque chose de si intimement lié à la nature, qu'il pouvait se transmettre avec le sang: les frères Alcmæon et Amphiloque avaient hérité de la faculté prophétique d'Amphiaraos, leur père, et les Branchides se succédaient de père en fils auprès de l'oracle de Didymæon, non loin de Milet.

Et cette faculté de prophétie ou de divination, les anciens estimaient que les femmes, les enfants, les faibles, les maladifs, les fous eux-mêmes en étaient plus particulièrement doués que tous autres : les devins étaient plus rares que les devineresses, comme on compte cent sorcières pour un sorcier. Nous venons de voir que, d'après Bacon, ce ne serait guère, en effet, dans des corps robustes et solides qu'elle résiderait. Encore, dans les chétifs, se manifesterait-elle de préférence en de certains états où l'organisme semble avoir perdu tout reste de vigueur pour la perception extérieure : sommeil complet, somnambulisme, extase. Bacon encore, nous l'avons vu, pense à cet égard comme les anciens; son observation, — car il faut bien admettre que le *rénovateur des sciences*, ainsi que l'appellent ses compatriotes, l'homme qui, du moins, un des premiers, eut l'heureuse idée « d'ériger l'expérience en méthode régulière et systématique », procédait ici suivant sa propre méthode, — son observation, disons-nous, l'avait amené au même résultat. Eh bien ! ce que pensaient les anciens, ce que la méthode scientifique de Bacon et l'intuition philosophique de Kant avaient entrevu, les expériences de la science moderne le confirment : à côté de l'activité des sens, il y en a une autre, qui reprend quand la première a cessé, montant ou descendant en raison inverse du flux ou reflux sensoriel, c'est-à-dire que, à côté de la vie purement sensitive, il y a une vie psychique, cette même vie dont nous disions plus haut que, formée par une accumulation successive de sensations et de sentiments sur un fond éternel, elle hypostasiait en nous les myriades de siècles qui ont précédé la conscience du moment. C'est à cette seconde part de l'activité vitale que doivent être rapportés les phénomènes que n'explique plus et ne peut expliquer une simple réaction immédiate de la sensation directe : les rêves du profond sommeil, selon qu'ils se révèlent dans l'état somnambulique naturel ou artificiel ; l'hyperesthésie, dans bien des cas, de plusieurs états morbides plus ou moins caractérisés ; l'extase. Or, ces phénomènes ne se manifestent bien que dans les proportions où l'activité sensorielle diminue, de sorte que la lucidité somnambulique ou extatique, progressant à mesure que les sens faiblissent, par conséquent plus grande chez les femmes, les enfants, les malades et les mourants, comme l'a dit Bacon, que chez les fortes natures, ne serait complète qu'à la mort. Il y a au Panthéon, sur un des panneaux de la coupole, une magnifique peinture de Gros où la mort est représentée écartant d'une main cadavéreuse un épais rideau et montrant, par la baie entr'ouverte, le splendide reflet d'un océan de lumière. Ce qui était pour le grand artiste un idéal, la conclusion à tirer de ce qui précède nous autorise à en faire une réalité vivante.

Mais que sont ces états auxquels il vient d'être fait allusion et dans lesquels ne manifesterait plus particulièrement la vie psychique ? Qu'est-ce que le sommeil, qu'est-ce que l'extase ?

Le sommeil, — et ici nous n'en parlerons que dans les rapports qu'il a avec notre sujet, — n'est pas seulement le repos des sens, c'est aussi une veille intérieure qui a pour expression le rêve. Et cette veille est d'autant plus active, que l'âme est plus repliée en elle-même, plus libre, plus indépendante de la pression du monde extérieur. Ce n'est point une hypothèse que nous émettons, c'est un fait établi par l'étude du somnambulisme naturel ou artificiel, et celle de l'état extatique. On a constaté que la lucidité du somnambule croît et augmente à mesure que le sommeil devient plus profond, et qu'elle atteint son point appréciable le plus élevé au moment où on peut le croire relativement complet.

Quand le somnambule peut parler, on constate, en effet, que, à mesure que ses sens se détendent et que son sommeil devient plus lourd, ses rêves sont, au contraire, de plus en plus liés, et que, finalement, arrivé à une complète prostration sensorielle, il acquiert un esprit de suite et une lucidité qu'il n'a pas dans l'état de veille. « Le somnambule, dit Deleuze (1), a les yeux fermés et ne voit pas par les

---

(1) *Histoire critique du Magnétisme animal*, t. I, p. 175 et suiv.

yeux, il n'entend pas par les oreilles, mais il voit et entend mieux que l'homme éveillé... Lorsqu'il rentre dans l'état naturel, il perd absolument le souvenir de toutes les sensations et de toutes les idées qu'il a eues dans l'état de somnambulisme, tellement que ces deux états sont aussi étrangers l'un à l'autre que si le somnambule et l'homme éveillé étaient deux êtres différents. » Et en note, Deleuze cite deux exemples curieux de cette division de la personne : « Mademoiselle Le F..., qui, sans avoir été magnétisée, dit-il, a présenté tous les phénomènes du somnambulisme, n'avait aucune idée du *moi* proprement dit ; elle ne convenait jamais de l'identité d'Adélaïde avec *petite*, nom qu'elle recevait et se donnait pendant sa manie. » Voici le second fait : « Madame N..., qui avait eu une éducation distinguée, ayant perdu sa fortune à la suite d'un procès, se détermina, de l'aveu de son mari, à entrer au théâtre, où ses talents lui assuraient des succès et des appointements considérables. Tandis qu'elle s'occupait de ce projet, elle fut malade et devint somnambule. Comme dans son somnambulisme elle annonçait des principes opposés au parti qu'elle allait prendre, son magnétiseur l'engagea à s'expliquer, et il en obtint des réponses auxquelles il ne pouvait s'attendre.

— Pourquoi donc voulez-vous entrer au théâtre ? — Ce n'est pas moi, c'est elle. — Mais pourquoi donc ne l'en détournez-vous pas ? — Que voulez-vous que je vous dise ? c'est une folle. »

Le docteur Prosper Despine (1), après avoir constaté la réalité du dédoublement ou du double de la vie en nous, l'explique en disant qu'il existe une activité cérébrale automatique qui se manifeste sans le concours du *moi*. Tous les centres nerveux, d'après ce savant et sans doute aussi selon MM. Charles Richet (2) et Bernheim (3), qui attribuent à l'*automatisme* une part prépondérante dans les phénomènes de suggestion, possèderaient un pouvoir intelligent sans personnalité consciente. Les facultés psychiques, dit-il, peuvent se manifester en l'absence du moi, de l'esprit, de la conscience, et produire des actes semblables à ceux qui, normalement, sont manifestés par l'initiative personnelle. C'est l'activité cérébrale automatique : celle, au contraire, qui manifeste le moi est l'activité cérébrale consciente. Dans l'état normal, ces deux activités sont intimement liées entre elles, elles n'en

(1) *Étude scientifique sur le Somnambulisme.*
(2) *L'Homme et l'Intelligence*, p. 184 et suiv.
(3) *De la Suggestion*, p. 73 et suiv.

font qu'une et se manifestent toujours conjointement ; dans certains états nerveux pathologiques, elles peuvent se séparer et agir isolément. Le somnambulisme, toujours d'après le même auteur, serait caractérisé, physiologiquement, par l'exercice de l'activité automatique seule du cerveau pendant la paralysie de son activité consciente. L'ignorance, par le somnambule, de tout ce qu'il a fait en l'état de sommeil ne viendrait donc pas de l'oubli, mais de ce que M. Despine appelle la non-participation du moi à ses actes.

Comme, dans le somnambulisme provoqué par la volonté d'un opérateur, c'est cette volonté qui détermine généralement les phénomènes observés, il semble tout naturel d'attribuer à une activité automatique du sujet les actes qu'il produit. Nos pères connaissaient cet état, qu'ils qualifiaient de possession diabolique : il faut savoir gré à la science d'avoir ruiné cette explication imaginative, qui a tenu, pendant des siècles, la torture en permanence et les bûchers constamment allumés, et d'y avoir substitué une démonstration naturelle. Mais les actes de l'état de sommeil n'ont pas tous pour origine, même dans le somnambulisme artificiel, des impressions immédiates ; la plupart se rattachent à des sensations plus ou moins anciennes, et beaucoup sont le reflet de la vie spécifique en nous, des sortes de réflexes dramatisés en la forme par les impressions du moment ou par des souvenirs latents en dépôt. Ici, il n'y a plus d'opérateur, plus de possession, plus d'automatisme.

Si, donc, la plupart des rêves, — ceux du profond sommeil, s'entend, — ne laissent pas de souvenir, tandis que, dans l'état de veille, il n'arrive jamais que les images clairement perçues par les sens s'effacent d'une mémoire tant soit peu saine au bout de deux ou trois heures, c'est que, physiologiquement, veille et rêves doivent se rattacher à des organes différents; que, du moins, le profond sommeil repose sur l'activité d'autres couches cérébrales que la veille, peut-être même d'un tout autre centre nerveux. Si, conséquemment, de la conformité des perceptions on conclut à l'identité de l'organe, de leur non-conformité il semble tout naturel de conclure à la différence des modes dont ces perceptions nous viennent, soit, en d'autres termes, à celle de l'organe lui-même. Et comme le rêve du sommeil profond ne peut laisser de souvenir que parce qu'il n'a pas un organe commun avec celui des perceptions de la veille, le souvenir plus ou moins confus qui nous reste du rêve du sommeil léger ne peut s'expliquer non plus que par la communauté partielle de l'organe entre ce dernier sommeil et la veille :

« Si les images du rêve, dans le sommeil léger,
» dit le docteur du Prel, restent dans la mémoire
» parce qu'il y a communauté partielle d'organe entre
» ce genre de rêves et la veille elle-même; si elles
» sont, par conséquent, provoquées en partie aussi
» par l'organe de la veille commençant à sortir de son
» engourdissement et à fonctionner de nouveau
» petit à petit, il n'y a pas dans le rêve de sommeil
» léger activité seulement d'un organe, mais activité
» mixte de deux organes à la fois. Ce mélange
» explique le pêle-mêle décousu de ces rêves. On en
» doit dire autant de ceux qui accompagnent les premiers
» moments du sommeil, quand l'organe de la
» veille n'est pas encore arrivé à un repos complet...
» Le rêve diffus appartient de la sorte à un état
» intermédiaire entre le sommeil et la veille; c'est
» uniquement dans le sommeil profond que l'activité
» de l'organe du rêve peut s'exercer sans mé-
» lange (1). »

(1) *Die Philosophie der Mystik*, p. 31 et suiv.

C'est donc lorsque l'âme est le plus détachée des sens qu'elle a le plus de vie intérieure, de cette vie qui, hypostasiée en nous, comme nous le disions, sur la base éternelle de l'être, y reflète l'information de myriades de siècles. Aussi n'y a-t-il pas lieu de s'étonner que, au réveil, quand les sens ont repris leur action et que la formule de la vie, un instant déplacée par le sommeil plus ou moins profond, se retrouve sur le plan de l'état de veille ordinaire, on ne se souvienne plus de ce qui s'est passé sur un plan différent; que le souvenir, suivant régulièrement les degrés du sommeil, soit d'autant plus obscur ou d'autant plus clair que la situation psychique s'éloigne ou se rapproche davantage de l'état où convergent les éléments normaux de la formule vitale journalière. On a remarqué que les rêves dont on se souvient le mieux sont ceux des premiers et des derniers moments du sommeil, du moment où il n'est pas encore dans son plein et du moment où, près de finir, il redevient plus léger. C'est alors aussi que, pris entre les deux vies, le rêve offre ce mélange disparate d'impressions sensorielles, vieilles ou récentes, dramatisées dans une forme et un langage qui ne sont pas les leurs.

Tout rêve, a-t-on dit, n'est que fumée. La physiologie, en effet, tenant le cerveau, non seulement pour l'organe où les idées se forment, ce qui est vrai, mais pour leur unique siège, ce qui l'est beaucoup moins, les images de nos rêves ne seraient et ne sont, d'après elle, que des transfigurations et des mélanges de celles de l'état éveillé. Mais le fait seul que beaucoup de choses perdues pour ce dernier état sortent tout à coup de l'oubli ou de l'inconscient pendant le rêve prouve qu'il y a, au moins, soit dans le cerveau, soit dans les nerfs qui en sont irradiés, un organe dont l'activité croît ou décroît en sens inverse de l'activité cérébrale proprement dite. Le *cerebrum abdominale*, dont il a été question au chapitre précédent, et toute la théorie que Mayo a tirée de faits étudiés et établis par lui, ne sont donc pas de vaines affirmations.

De ces faits et de ceux que nous pourrions citer encore, il ressort qu'il y a réellement entre nous et la nature plus de rapports que n'en saisit la conscience à l'état de veille ; que, si le sommeil interrompt ceux qui nous lient par les sens à l'objectivité immédiate, il ne saurait faire cesser les autres, ceux qui nous rattachent à la vie générale, dont nous sommes participants, mais à une vie évoluée et informée en ce qui nous est relatif, rapports qui, pour s'effacer au grand jour, comme la lumière d'innombrables étoiles, plus grandes que notre soleil à nous, disparait quand surgit celui-ci, n'en existent pas moins toujours.

CONCLUSION

La création n'est donc bien qu'une morphogénie, ainsi que nous l'avons définie dans le corps de ce livre et que cela ressort des transformations évolutionnelles du monde. Mais s'il y a ce qui est évolué et devenu, il y aussi nécessairement ce qui évolue et devient : la forme, qui passe, et le fond, qui demeure. La forme n'est que ce qui paraît de ce qui est; par elle-même, elle ne serait rien. Elle a sa base dans le temps et l'espace, qu'on a justement qualifiés de « principes d'individuation » — *principia individuationis*. Ce qui est, c'est le fond, la « chose en soi », et il est en dehors du temps et de l'espace, par conséquent éternel et infini.

Il y a donc dans tout être, mais plus particulièrement accentués dans l'homme, un côté physique et un côté métaphysique, et ces deux côtés consubstantiels sont hypostatiquement unifiés par l'évolution, ainsi que le démontre la synthèse biologique dont se compose toute individualité. En disant, comme nous l'avons dit, dans des termes d'école, que la forme qui passe s'hypostasie sur le fond éternel, nous croyons, en conséquence, n'avoir qu'énoncé un fait. De là il y a logiquement lieu d'inférer, comme corollaire de ce même fait établi, qu'il n'est pas une action, un acte, une pensée de nous qui de physiques ne passent à l'état métaphysique, du temps et de l'espace à un état où le temps et l'espace ne comptent plus, du présent à l'éternité, qui, relativement à l'hypostasié en elle, est bien l'immortalité.

Un point resterait peut-être à débattre, à savoir ce qu'on doit rigoureusement entendre par l'immortalité personnelle. N'est-ce que le repli de la vie individuelle, accrue des résultats de son activité propre, dans la vie de l'espèce ? N'est-ce, en d'autres termes, que l'immortalité spécifique du moi ? Non ; ce n'est pas tout ce qui ressort des prémisses posées dans les chapitres qui précèdent. Il y a dans ces prémisses autre chose encore ; il y a cette conséquence à tirer, que, une part de responsabilité étant attachée à nos pensées comme à nos actes, dont elle est inséparable, puisqu'elle en détermine le caractère, ce qui s'imprime sur le fond éternel que nous venons de dire, ce n'est pas seulement un fait de nature réflexe, mais un fait de conscience, qui transforme le fait de nature en fait métaphysique et devient à son tour, sous cette forme intime, idée et principe d'évolution. Il y a de plus ceci, à savoir, que le fait de personnalité individuelle, qui accompagne ces mêmes actes dans leurs transformations, y demeure nécessairement uni sur le fond substantiel, auquel il imprime, pour la part de devenu qui lui revient, un cachet d'éternité *à parte post*, soit, pour lui, l'immortalité.

La Mystique sacrée des cultes contemplatifs enseigne que « l'homme intimement uni à son Dieu est devenu un même esprit avec lui (1) ». Entendues dans le sens naturel de notre argumentation, différant en apparence de celui que la Mystique y attache, ces paroles sont pleines de vérité : en se repliant sur la base de l'être, — οὐσία, — en s'unissant au principe qui est en lui et en toutes choses, principe

(1) Card. Bona, *Manuductio ad cælum*, c. 35.

un et éternel, Dieu, en un mot, l'homme y devient bien un même esprit avec lui, mais un esprit informé, dont le retrait des sens, à la mort, ne fait que consommer la prosopopée métaphysique sur cette même base divine.

Le fait de la double vie en nous, quoique traité succinctement dans les pages qui précèdent, nous y semble suffisamment établi : une vie sensitive, au jour le jour, et une vie spécifico-métaphysique, qui, au moyen du déterminisme de la première et avec les éléments de morphogénie fournis par elle, en continue l'évolution dans les conditions d'idéalité personnelle qui y sont attachées et qui en résultent.

Qu'est-ce donc que la mort, et qu'est-ce que la vie hypostasiée après elle ?

Au point de vue pathologique, qui est celui qui s'offre naturellement le premier, « il faudrait, dit F.-A. Jaumes (1), pour définir la mort dans son intimité, dans sa totalité, connaître le fait de la vie. La mort et la vie ne peuvent se définir que par l'énoncé de certains caractères phénoménaux. Ces caractères doivent être spécifiés en eux-mêmes, ce que Bichat ne fait pas assez en se contentant de dire que la vie

---

(1) *Traité de Pathologie*, p. 550.

est l'ensemble des fonctions qui résistent à la mort. Il aurait dû s'expliquer sur ce que sont ces fonctions. En outre, ce n'est pas parler scientifiquement que de présenter la mort comme une puissance qui est en lutte avec une autre puissance et finit par l'emporter. Cette idée n'est qu'une métaphore à l'usage des poètes. Il n'y a pas d'être que l'on puisse appeler la mort. La mort est une privation, un changement d'état ; c'est la perte d'une qualité par laquelle un corps constituait un individu et méritait d'être classé dans une catégorie particulière. Quand ce corps n'a plus son individualité, quand il est condamné à passer dans la catégorie des êtres fort différents qui sont entièrement gouvernés par les forces physico-chimiques, on dit qu'il est mort ? » Et un peu plus loin : « La mort est indispensable à l'ordre général. Les corps qui ont eu la vie sont l'aliment de ceux qui la possèdent actuellement. La mort est donc une condition nécessaire de vie. Il faut, d'ailleurs, que l'homme meure, sans quoi il ne remplirait pas sa vraie destinée, qui n'est pas ici-bas. Supposer l'homme terrestre immortel est une pensée non seulement absurde, mais effrayante par ses conséquences. Avec cette immortalité, il n'y aurait plus de motifs de perfectionnement, plus de notion du devoir, de sacrifice, plus de mérite ni de démérite. L'homme aurait toute sa satisfaction sur la terre, et son affaire unique serait de la rendre aussi complète que possible. Remercions Dieu, qui, en nous faisant mortels, nous a rendus capables de mériter par l'épreuve de la vie la part qu'il nous a réservée de sa propre immortalité. »

Dans l'univers qui se meut, la vie a partout la mort pour condition ; tout être vivant ne vit qu'aux dépens d'autrui, et notre chair est une défroque arlequinée qui a déjà vêtu des milliers d'autres organisations. La nature est un parterre de fleurs dans un cimetière ; la vie, une vapeur exhalée de la tombe.

... Aliud ex alio reficit natura, nec ullam
Rem gigni patitur, nisi morte adjutam aliena (1).

Et il est nécessaire, il faut qu'il en soit ainsi. Une vie éternelle du corps, sans rajeunissement possible, — le rajeunissement étant lié à la mort, — serait pour l'individu une épouvantable momification, un enterrement de vivant, quelque chose de pire peut-être que l'enfer inventé par une imaginative féroce. On connaît le mythe grec de Tithon. A la prière de l'Aurore, sa mère ou son amante, les dieux lui

(1) Lucrèce, l. I, v. 264 et 265.

avaient accordé l'immortalité ; mais elle avait oublié de demander aussi pour lui la jeunesse, et il vit dans la décrépitude, sans pouvoir ni se servir de ses sens ni mourir, écrasé sous le poids d'une existence qui pèse sur lui de tout le faix des âges. Ce que Louis Bouilhet fait dire à la Momie, Tithon, s'il n'appartenait à la Fable, pourrait le répéter à bon droit :

> *Et dans ma tombe impérissable,*
> *Je sens venir avec effroi*
> *Les siècles, lourds comme le sable*
> *Qui s'amoncelle autour de moi.*

Ne serions-nous pas destinés à une vie plus haute de l'esprit, que la mort, sur cette terre, n'en serait pas moins, à son heure, un bienfait désirable, comme le dit fort bien Cicéron : *Quod si non sumus immortales futuri, tamen exstingui homini suo tempore optabile est* (1).

« Je meurs tous les jours, — *quotidie morior* » — a dit l'apôtre saint Paul (2). Ces paroles sont vraies en ce sens, ainsi que le fait remarquer M. Edmond Spiess (3), que, physiquement, nous sommes pris

---

(1) *Fragmenta.*
(2) I Cor., 15, 31.
(3) *Entwickelungeschichte der Vorstellungen vom Zustande nach dem Tode*, p. 73.

dans un mouvement continu de vie et de mort. De l'épiderme, par exemple, ne cessent de se détacher des parcelles de cellules épuisées qui sont en même temps toujours remplacées de l'intérieur par d'autres. La mort est ainsi le complément de la vie, son revers, mais aussi une condition de vie nouvelle. Ce n'est donc ni un accident ni une punition, comme le veut la Genèse biblique, mais une nécessité dure en apparence pour les individus, bienfaisante, au contraire, pour l'ensemble vivant, dont elle perpétue l'existence et maintient la divine solidarité. Dans cet état de choses, l'immortalité corporelle est absolument inconcevable, et l'opinion exprimée par saint Augustin (1), que, si Adam n'avait pas péché, Dieu n'aurait permis de naître qu'à un nombre limité de créatures, pour empêcher que la terre ne se remplît trop, ne supporte pas la critique. Et Bossuet n'est pas plus raisonnable quand il dit que la mort *n'est point de la première institution de notre nature, et que Dieu, en nous donnant une âme immortelle, lui avait uni un corps immortel* (2). Ces deux grandes lumières de l'Église chrétienne,

(1) Op. imp. III, 198.
(2) *De la connaissance de Dieu et de soi-même*, chapitre IV, § suiv.

saint Augustin et Bossuet, n'ont fait, du reste, que reproduire à cet égard ce qui ressort des livres saints : « Comme le péché, dit saint Paul, est
» entré dans le monde par un homme, et que la
» mort y est entrée par le péché, ainsi la mort a
» passé dans tous les hommes par celui en qui ils
» ont péché tous (1). » Aussi la mort de Jésus, regardée comme libératrice du péché originel, aurait-elle eu pour résultat immédiat la résurrection de la chair : *Corpora sanctorum qui dormierant surrexerunt* (2). Et quand les premiers décès eurent lieu parmi les disciples du Maître bien-aimé, ce fut une stupeur très grande, dont on ne revint qu'en corrigeant la foi par des espérances plus éloignées. La mort est si bien, au contraire, de la première institution de notre nature et si peu une punition, qu'on ne peut raisonnablement trouver étranges les dures paroles de Porcius Festus à saint Paul lui développant sa doctrine : *Insanis, Paule.* Comme les vieilles religions naturelles avaient été mieux inspirées! Il n'y a pas de symbole plus vrai que celui du cippe phallique et de cette Libitine, à la fois Proserpine

(1) *Ep. ad Romanos*, c. v.
(2) Matth., VIII, 52.

et Vénus, qu'on plaçait sur les *tumuli*, comme pour marquer que le cadavre qui s'y trouvait, replié sur lui-même, ainsi que l'enfant dans le sein de la mère, n'était là qu'une semence.

On a dit que la mort nivelait toutes les conditions ; elle fait mieux, elle les solidarise, elle unifie tout ce qui vit. C'est un lien de fraternité, non seulement métaphysique, mais positive et réelle. Par elle, il n'y a pas un être vivant, de quelque vie que ce soit, végétative ou animale, qui ne soit notre frère ; pas un de ceux qui ont vécu dont nous ne portions la marque congénitale. J'ai dit que nous étions chacun une synthèse biologique de notre espèce ; nous sommes plus encore : car, si nous nous développons en vertu d'une loi spécifique, le développement de cette loi en nous doit ses éléments d'information individuelle à une dynamogénie objective à la fois physique et métaphysique. A côté des éléments de famille, de race, d'espèce et de genre, il y a, en effet, dans l'individu, des apports de milieu qui déterminent en lui des nuances de caractère tout aussi transmissibles que le reste. Le genre de nourriture, de boisson, les différences climatériques, les divers aspects d'horizon, à la montagne ou dans la plaine, la nature du sol, de la faune, de la flore, tout ce que nous nous assimilons par les sens, soit la vue, l'ouïe, le toucher, l'odorat ou le goût, tout ce qui nous affecte, nous touche ou nous entoure, tout à l'extérieur, en un mot, exerce sur nous une action, tout laisse son empreinte, une empreinte aussi bien morale que physique. Et c'est ce côté moral de l'empreinte de nos milieux sur nous que j'appelle et que je crois avoir le droit d'appeler leur côté métaphysique et idéal, abstraction faite de tout ce qui peut nous venir de l'éducation pédagogique. L'habitude de vivre sous tel ciel plutôt que sous tel autre, au milieu de tels ou tels animaux, parmi telles ou telles fleurs, sans parler même de notre genre de nourriture, nous nuance de signes que la transplantation n'efface jamais complètement. Ce n'est pas seulement dans l'espèce que les races se distinguent les unes des autres, dans les races que les peuples diffèrent entre eux, que dans les nations les provinces, dans les provinces les régions moindres, dans les petites régions les familles ont leur type particulier; les professions elles-mêmes sont souvent marquées d'un cachet qui les fait reconnaître : ce cachet est ce que d'autres appellent la grâce d'état. Il ne faut pas beaucoup d'observation pour distinguer un soldat d'un prêtre, un laboureur d'un artisan; il n'en faut guère davantage pour distinguer un berger d'un bouvier, un bouvier d'un porcher. A notre tour, nous ne sommes pas sans exercer nous-mêmes une réaction sur ce qui nous entoure, sans nuancer de quelques-uns des traits qui nous sont propres le milieu qui nous informe, sans lui rendre par quelque reflet de nous quelque chose de la part de physionomie que nous en avons reçue. Le chien de l'aveugle ne ressemble pas au chien du berger, comme le chien du riche ne ressemble pas non plus au chien du pauvre : « Mes bêtes et moi nous nous ressemblons, » me disait un jour un vieux pâtre ; ses bêtes, c'étaient son chien, ses brebis et son âne. Il disait vrai, plus vrai qu'il ne pensait peut-être ; car entre lui et ce qu'il appelait ses bêtes, il n'était pas besoin de raisonner et d'induire pour reconnaître un air de maison.

Il est donc incontestable que, moralement comme physiquement, nous sommes tous, hommes, bêtes, végétaux et même minéraux, étroitement unis en un père commun par un même lien de famille : les animaux sont nos frères, les plantes sont nos sœurs, et les minéraux, par leurs propriétés chimiques, des parents plus ou moins éloignés ; car il y a du minéral dans le végétal, du minéral et du végétal dans l'animal. Tout ce qui affecte nos sens, les rayonnements variés des couleurs et des aspects objectifs qui affectent la vue, les sons qui affectent l'ouïe, les saveurs qui affectent le goût, les senteurs qui affectent l'odorat, les différents degrés de résistance des corps qui affectent le toucher, tout cela contribue à l'information de la vie en nous, non pas seulement à notre information physique, mais à notre information métaphysique et idéale.

Mais si, dans le domaine de l'esprit, la vie s'allume à la vie; que les virtualités particulières, les idées, les pensées se pénètrent et s'entretiennent les unes les autres sur la base de l'être, non seulement sans que l'individu perde rien de ce qu'il donne, mais de telle façon, au contraire, que ce qu'il donne l'augmente au lieu de le diminuer, l'enrichisse au lieu de l'appauvrir, il n'en est point et ne saurait en être de même pour la vie de nature. Ici, comme nous le disions plus haut, la mort est la condition de la vie; la famille, la race, l'espèce, le genre ne s'entretiennent et ne durent que par la mort des individualités. Les eaux de Jouvence, elixirs de longue vie et autres prétendus moyens de perpétuation de l'existence eussent-ils une autre efficacité que celle que leur prête un dérangement d'imagination, qu'il faudrait les proscrire comme attentatoires au droit de tous. En leur supposant une action, elle ne pourrait, du reste, s'exercer pour une durée bien longue ; car, en arrêtant le cours évolutionnel de la vie pour la généralité, elles ne tarderaient pas à l'arrêter tout à fait pour les individualités elles-mêmes : pour être ce qu'il est devenu et tel qu'il existe aujourd'hui, le monde a dû se refondre et se renouveler bien des fois tout entier, dans le cours de l'âge que se donnait le comte de Saint-Germain, et que Lytton Bulwer, dans son roman de *Zanoni*, attribue aux mahatmas hindous qu'il met en scène.

La mort est donc bien le lien qui unit l'ensemble vital. Et comme nous lui devons tout ce que nous possédons et tout ce que nous sommes, que notre force et nos richesses, quelque accroissement qu'elles aient pu recevoir de notre travail personnel, ont leur déterminisme et leurs éléments dans ce qui appartient à tous et n'appartient à personne en particulier, ce que le fort retire de sa force, il le doit au faible, ce que le riche retire de sa richesse, il le doit au pauvre, c'est-à-dire que le mieux doué de la nature se doit à celui qui l'est moins largement. Des droits de propriété exclusive, sur cette terre, il ne saurait en exister ; sous ce rapport, comme sous tous les autres, il n'y a ici-bas pour l'individu que des devoirs.

A la communauté, soit espèce ou genre, à l'essence une et éternelle, source suprême de la vie, à Dieu seul, en un mot, appartient le droit.

Ce n'est pas à dire, certes, que j'exclue de tout droit propre le travail et le mérite personnels ; mais s'il y a un droit qui appartienne réellement et absolument au travail de chacun, c'est celui qui résulte d'un travail exercé avec des éléments que nous avons faits nôtres sans en priver la communauté et dont la compensation ne frustre personne de ce qui lui revient naturellement. Or, la compensation adéquate de ce droit-là, ce n'est pas dans les limites d'un état de choses où rien ne saurait appartenir en propre à qui que ce soit qu'il faut le chercher ; c'est dans le domaine transcendant, où le mérite personnel, loin d'exiger pour sa juste glorification l'injuste sacrifice ou le déplacement non moins injuste d'autres intérêts ou d'autres libertés, se rehausse, au contraire, du mérite de tous ; où la propriété de l'un, comme sa personne, est propriété et personne d'ensemble ; où ces grands principes des *Droits de l'homme* : LIBERTÉ, ÉGALITÉ, FRATERNITÉ, planant au-dessus de toute loi de fatalité sélectionnelle, peuvent librement compléter leur formule, une formule trois fois sainte, qui s'impose, dès ici-bas, comme idéal à poursuivre dans les luttes de l'esprit contre les brutalités de la nature.

Mais de ce que la vie idéale est le but, il ne faudrait pas conclure que les sens ne mènent à rien et que le renoncement à cet égard soit une condition de progrès moral ou, comme on dit dans le monde des contemplatifs, un gage de perfection. Puisque c'est par l'information qui nous vient de l'extérieur, par la connaissance du monde et de ses lois, que la réaction de l'esprit en nous arrive à la conscience, la véritable ascèse ne saurait être la contemplation passive : j'ai dit ce qu'il fallait entendre par ce mot d'*ascèse*, qui n'est pas l'anesthésie, mais, au contraire, l'application des sens à l'étude de la nature objective, pour se l'assimiler, de physique la convertir en métaphysique, de forme transitoire en idée hors du temps et de l'espace, par conséquent l'action, le travail et la lutte; je n'y reviendrai pas ici. Qu'il me suffise d'ajouter que, en donnant à la vie intérieure, à celle que l'être affecte dans le repli des sens, la qualification de métaphysique, je l'ai entendu, relativement à notre personne, suivant l'acception que comporte l'étymologie du mot, et qui est celle d'une transmutation de l'objectivité extérieure en intus conscient. La personnalité ainsi comprise est un acquêt, une conquête, que nous devons à nos efforts ; on peut y appliquer ce que Jésus a dit du royaume du ciel : *Vim patitur, et violenti rapiunt illud* (1). S'abstraire du monde, sans l'avoir étudié, sans le connaître, sans aucun des moyens, par conséquent, qui pourraient nous permettre d'élever à la haute dignité de conscience l'instinctivité spécifique en nous, de donner forme, une forme idéale, à l'être général et indéterminé en qui et par qui nous sommes, ce serait abdiquer, pour la part qui nous est afférente, le devoir de prosopopée que nous impose le fait de notre individuation par la naissance, comme c'est rabaisser le côté éternel de notre nature que de l'abîmer dans l'attachement exclusif à la vie extérieure du moment : « L'homme parfait, dit le cardinal Bona dans le livre que j'ai déjà cité, est celui qui,... supérieur aux choses créées, n'y fixe son attention que pour s'élever par ce moyen à la contemplation divine; qui, toujours inébranlable et tranquille, a déjà la meilleure partie de lui-même dans le lieu d'où il tire son origine. » Appliquées à notre thèse du but de la vie, et abstraction faite de la terminologie propre à une autre manière d'envisager l'essence une et éternelle, ces pa-

(1) Matth., ix, 12.

roles encore sont vraies : dans le retour conscient sur la base de l'être, après information par les sens, et dans l'union hypostatique de l'âme avec cette base suprême réside bien, en effet, la consommation finale, — *consummatio in unum*, — qui sera la perfection de notre nature.

Puisque l'information de l'être est le but de la naissance, qui, sans elle, ne signifierait absolument rien, et que, d'ailleurs, il n'y a d'information réelle que par l'assimilation du devenu déterminé ou, pour parler le langage de l'école néo-platonicienne, par l'*omopathie* entre le sujet et l'objet, il s'ensuit que l'étude et le travail, comme moyens de cette information, sont le devoir de chacun, dans la mesure de ce qu'il peut, et que le désintéressement de ce monde avant l'heure est un délit : *delictum a delinquere*. Et ce devoir, toute la biologie spécifique et générique qui est en nous, que nous ne nous sommes point faite et dont nous ne sommes par conséquent que les héritiers fiduciaires, nous l'impose. Si le suicide est un crime, le fidéicommis ne constituant pas pour nous une propriété dont nous ayons la libre disposition, c'est un crime de briser par une castration volontaire les relations d'*omopathie* que je viens de dire.

Néanmoins, quand nos organes, las ou épuisés, refusent tout service à notre bon vouloir ; que la lutte ne nous est plus possible, et que l'heure du recueillement a sonné, on peut se dire à soi-même : J'ai vécu ce que je devais vivre ; je puis attendre dans la retraite le moment de rendre tout à fait mon mandat ! Heureux alors celui qui, par un labeur et des souffrances dont a bénéficié la vie de tous, s'est amassé un trésor d'éléments impérissables ! Replié en lui-même, dans cette vie intérieure qu'il a développée et enrichie pour lui, tout en développant et enrichissant le fonds commun, il doit y trouver, avec les moyens de rajeunissement sans fin que ce trésor met à sa disposition, de quoi revivifier l'évolution de sa personne et en préparer la continuation sur le terrain de l'idéalité transcendante de l'au delà. Qui n'a pas vécu pour lui et d'une vie propre, mais pour tous et de la vie éternelle, ne peut rien avoir à dépouiller à la mort ; car ce qui meurt, ce ne peut être ce qui a vécu de la vie qui ne saurait s'éteindre, mais ce qui a vécu de la vie qui passe, de celle dont on se dépouille tous les jours et dont la mort est, pour l'avare, l'égoïste, le repu, le riche, en un mot, exclusivement riche d'un bien à restituer, la consommation dernière.

En devenant un même esprit avec Dieu, pour parler le langage de la Mystique sacrée, peut-on dire, néanmoins, que l'homme, qui, de son vivant, a travaillé à raffermir le lien qui unit la forme à l'être en soi, le *phénomène* individuel à l'éternel *noumène*, soit, à sa mort, lui-même devenu Dieu? Ce n'est pas ce que permettent d'induire les prémisses de notre argumentation. De ces prémisses, en effet, il ne ressort que ceci, à savoir : que dans l'état de transcendance métaphysique où passe la personne, elle ne représente jamais qu'une part d'information catégorisable, par conséquent relative. L'évolution n'est donc pas terminée pour elle, et de ce que toute évolution se lie nécessairement à ce qui a commencé et qui se continue, on doit conclure que la part hypostasiée par nous sur la base de l'être demeure, quoique plus ou moins intimement unie à lui, relativement distincte du Noumène ou Absolu. Dieu, — conservons le mot puisque c'est un héritage de famille, quoique par lui-même il ne dise rien, — Dieu est bien tout ce qui est ; mais nous, bien qu'étant de lui, en lui, et par lui, comme rien de relatif n'est partie d'absolu, rien de ce qui est déterminé partie d'infini, nous ne sommes point Lui, et, impuissants à jamais franchir les limites du relatif où se meut l'individu, nous ne saurons jamais ni ce qu'Il est, ni comment Il est en lui-même. Nous ne verrons jamais l'Éternel face à face; car le jour où nous pourrions le voir, individuellement nous ne serions plus. Il est et demeurera toujours l'Inconnaissable, comme le définit Herbert Spencer; s'il arrivait à être connu, ce ne serait plus lui ou nous ne serions plus nous. Mais quoique nous ne puissions, en tant qu'individualités distinctes, espérer le connaître, comme il est une donnée nécessaire de la conscience, rien ne se concevant issu de rien, par conséquent sans la base éternelle et absolue, nous pouvons du moins dire qu'Il est, et, comme à une source intarissable d'idéal, y attacher notre esprit et notre cœur.

FIN DE L'OUVRAGE.

J. ROTHSCHILD, Éditeur, 13, Rue des Saints-Pères, PARIS

EXTRAIT DU CATALOGUE

L'Homme. — Développement physique et intellectuel de l'homme, par le Dr GUSTAVE LE BON. — Un vol. in-8 de 520 pages, orné de 87 gravures. **7 »**

Les Sociétés. — Leurs origines et leurs développements, par le Dr GUSTAVE LE BON. Un vol. in-8 de 480 pages. **7 »**

Le Trésor de la Famille. — Encyclopédie des Connaissances utiles dans la Vie pratique, d'après la 74e édition anglaise, traduite et modifiée pour la France, par J.-P. Houzé. — Un fort volume de 900 pages, relié avec luxe, tranches en couleur. — 14e édition française, entièrement revue et augmentée. Prix. **5 »**

Les Enfants. — Éducation, instruction. Ce qu'il importe de faire savoir aux hommes, aux femmes, par CHAMPFLEURY. 4e édition de luxe. Un volume petit in-4, avec planches en couleur, eaux-fortes et 70 gravures. Prix : 7 fr. 50 ; relié............ **10 »**

La Chirurgie du Foyer. — Traité populaire contenant : Inflammations, abcès, brûlures, plaies, maladies virulentes, tumeurs, empoisonnements, asphyxie, etc., etc., par le Dr CH. BABAULT, ancien *Interne des hôpitaux*. — Un volume in-18, avec 45 gravures, relié en toile...... **3 50**

Le Médecin des Enfants. — Hygiène et maladie. — Guide des mères de famille et des Instituteurs, d'après Bock, Ballard et Bower Harrison. Par A.-C. BARTHÉLEMY, *Docteur en médecine*. 3e édition. 1 volume.... **1 »**

Les Souffrances du Professeur Delteil, par CHAMPFLEURY. 5e édition, ornée de 25 gravures par CRAFTY. — Un volume petit in-4, 300 pages, imprimé sur papier teinté, 5 fr. ; relié...................... **7 »**

A travers Champs !—*Botanique pour tous*, histoire des principales familles végétales, par Mme LE BRETON. — Un volume in-8, 550 pages, ornées de 740 gravures sur bois. — Ouvrage de luxe, imprimé avec caractères elzéviriens sur papier teinté ; prix : 7 francs. — Reliure spéciale en toile grise, tranches rouges, plat orné d'un dessin en couleur et à biseaux. **10 »**

Flore pittoresque de la France. — *Botanique populaire illustrée*. — Physiologie, Anatomie, Classification, Description des Plantes indigènes et cultivées, au point de vue de l'agriculture, de l'horticulture et de la sylviculture. Publiée sous la Direction de J. ROTHSCHILD, avec le concours de MM. GUSTAVE HEUZÉ, *inspecteur général de l'agriculture*; BOUQUET DE LA GRYE, *conservateur des forêts*; STANISLAS MEUNIER, *aide-naturaliste au Muséum*; J. PIZZETTA, *lauréat de l'Institut*; B. VERLOT, *jardinier-chef au Muséum*. A l'usage des Lycées, Collèges, Ecoles normales, Écoles primaires, Agriculteurs, Horticulteurs, Forestiers, Artistes, etc. — Ouvrage illustré de 1200 gravures et accompagné d'un atlas de 82 planches en chromo. — A paraître en livraisons à 1 fr. L'ouvrage complet, environ.... **20 »**

Les Plantes médicinales et usuelles des champs, jardins, forêts. — Descriptions et usages des plantes comes-

J. Rothschild, Éditeur, 13, Rue des Saints-Pères, Paris

tibles, suspectes, vénéneuses, employées dans la médecine, dans l'industrie et dans l'économie domestique, par H. Romn, membre de la Société botanique de France, lauréat, etc. — Un volume de 500 pages avec 200 gravures. 8e *édition*. Prix, relié toile, avec fers, tranches rouges...................... **4 »**

L'Esprit des Fleurs. — Symbolisme et Science, par Mme EMMELINE RAYMOND, *rédacteur de la Mode illustrée*. — Un volume in-4, avec 60 pages de compositions en chromo, représentant environ 400 plantes, imprimées en 14 couleurs. Le texte entouré de cadres de SIMON DE COLINES, est tiré en 5 couleurs. Publication de grand luxe formant une flore illustrée et en même temps un Langage de fleurs. Prix: broché 15 francs; relié, avec fers spéciaux, tranches dorées.. **20 »**

Dictionnaire vétérinaire. — Hygiène, Médecine, Pharmacie, Chirurgie, Multiplication, Perfectionnement des Animaux domestiques, par L. FELIZET, avec une introduction par J.-A. BARRAL. *Deuxième tirage*. — Un beau volume in-18 de 465 pages, relié toile.................. **3 50**

Ornithologie du Salon. — Synonymie, Description, Mœurs et Nourriture des oiseaux de volières, européens et exotiques, par L. BOULART, *préparateur au Muséum*. — Un volume grand in-8, avec 75 vignettes et 40 chromotypographies, représentant les oiseaux, leurs œufs et leurs nids, 30 fr.; relié............ **35 »**

L'Aquarium d'eau douce et d'eau de mer. — Ses Formes, Préparation, Population, Salubrité, Plantes, Poissons, Reptiles, Mollusques, Crustacés, Insectes, Infusoires, par JULES PIZZETTA; avec une Introduction par A. GEOFFROY SAINT-HILAIRE, *directeur du Jardin d'Acclimatation*.— Un vol. in-18, 300 pages avec 220 gravures, relié............ **3 50**

Les Animaux utiles au point de vue de l'Industrie, des Arts et de la Médecine.—Descriptions, mœurs, usages et produits, par RAOUL BOULART, *préparateur au Muséum*. — Un volume relié toile, avec 180 figures. **3 50**

Chimie et Géologie agricoles. — Traduction libre, d'après la onzième édition anglaise des professeurs Johnston et Cameron, par STANISLAS MEUNIER, *aide-naturaliste de géologie au Muséum, lauréat de l'Institut*. Un volume in-18 de 400 pages, orné de 200 vignettes, relié toile. Prix **3 50**

Géologie technologique. — Traité de ses applications aux Arts et à l'Industrie, à l'Agriculture, Architecture, Génie civil, Métallurgie, Céramique, Verrerie, Médecine, Teinture, Produits chimiques, Peinture, Joaillerie, d'après l'ouvrage du professeur Dr PAGE, traduit librement et augmenté de 79 gravures, par STANISLAS MEUNIER, *aide-naturaliste au Muséum*. — Un volume relié en toile. **3 50**

La Terre végétale. — De quoi elle est faite, comment elle se forme, comment on l'améliore. Guide pratique de géologie agricole, par STANISLAS MEUNIER. — Un volume avec vignettes et une carte agricole de la France, par A. DELESSE, *professeur à l'École normale*. — Un volume relié. **3 »**

Les Roches. — Guide pratique pour leur détermination, avec les connaissances de lithologie nécessaires pour y parvenir, par EDOUARD JANNETTAZ, *aide de minéralogie au Muséum*. 2e édition. —Un volume avec plusieurs centaines de gravures et 8 planches en couleurs. Relié en toile...... **7 »**

La Paléontologie et les Roches, pris ensemble................. **12 »**

J. Rothschild, Éditeur, 13, Rue des Saints-Pères, Paris

Traité de Paléontologie. — Description et figure des animaux et végétaux fossiles ; excursions paléontologiques en France ; moyen pour extraire et préparer les fossiles, par STANISLAS MEUNIER, aide-naturaliste au *Muséum*. — Un très fort volume, avec cartes en couleurs, illustré d'environ 1,000 vignettes. Prix : relié **7 »**

La Paléontologie et les Roches, pris ensemble.................. **12 »**

Traité pratique d'Analyse CHIMIQUE A L'AIDE DES MÉTHODES GRAVIMÉTRIQUES. — D'après l'ouvrage de Thorpe, par STANISLAS MEUNIER, aide-naturaliste au *Muséum*. — Un volume, avec 111 vignettes dans le texte. Relié. **5 »**

Traité pratique d'Analyse CHIMIQUE A L'AIDE DES MÉTHODES VOLUMÉTRIQUES. — D'après l'ouvrage de F. Sutton, par ED. FINOT et A. BERTRAND. — Un vol., avec 93 vignettes dans le texte, relié.................. **5 »**

Les deux Traités pris ensemble.. **8 »**

La Terre. — Son histoire, Etude de ses transformations successives, par H. DE LAGRENÉ, *inspecteur général*. — Un vol. in-18, cartonné toile **2 »**

Causeries scientifiques. — Découvertes et Inventions, progrès de la Science et de l'Industrie, par HENRI DE PARVILLE. — 24 années sont en vente.

Les Tomes 8 à 13, 16, 17, 19 à 24. Prix de chaque volume...... **3 50**

Le Tome 18, contenant l'Exposition. Prix broché 5 fr. ; relié toile. **6 »**

Il nous reste encore quelques exemplaires des tomes 7, 14 et 15 à 15 fr. chaque.

Les Phénomènes de l'Atmosphère. — Traité illustré de Météorologie pratique. Traduit et annoté par DECAUDIN-LABESSE, d'après le professeur MOHN, *directeur de l'Observatoire météorologique de Norwège*. Augmentée d'une introduction par HENRI DE PARVILLE. — Ouvrage illustré de 200 gravures, et de 24 cartes en couleur. — Un volume grand in-8, imprimé avec luxe, sur papier teinté. Prix : 7 fr. ; relié.............. **10 »**

Le Monde sidéral. — Description des phénomènes célestes, d'après les récentes découvertes de l'astronomie, par ZURCHER et MARGOLLÉ. — Un volume, avec 66 vignettes. Prix...... **3 50**

Diamant et Pierres précieuses. — Descriptions, Gisements, Extraction, Travail, Emploi artistique et industriel, Evaluation, Statistique, Commerce des pierres précieuses, du corail et des perles. Avec une monographie historique des Bijoux, Joyaux et Orfèvrerie. — Ouvrage in-8, avec 350 gravures et une planche en chromo, par MM. ED. JANNETTAZ (*maître des conférences de la Sorbonne*) ; EMILE VANDERHEYM (*expert en diamant*); EUGÈNE FONTENAY (*bijoutier-joaillier*) et A. COUTANCE (*professeur aux Écoles de la marine*)...... **20 »**

Rel. demi-maroq., avec fers. **25 »**

Le Chalumeau. — Analyses qualitatives. Traduction libre du traité de B. KERL, avec additions d'après Berzélius, Plattner, Bunsen, Merz, H. Rose, suivie d'un tableau et d'un appendice spécial pour les applications minéralogiques, par EDOUARD JANNETTAZ, *aide de minéralogie au Muséum*. — Un vol., avec vign. **3 50**

Les Minéraux. — Guide pratique pour leur détermination sûre et rapide au moyen de simples recherches chimiques par voie sèche et par voie humide. Traduit d'après KOBELL, par le Comte L. DE LA TOUR DU PIN, avec nombreuses additions par F. PISANI, *professeur de chimie et de minéralogie*. 3ᵉ édition. Relié. Prix. **2 50**

J. Rothschild, Éditeur, 13, Rue des Saints-Pères, Paris

Le Télégraphe terrestre, sous-marin et pneumatique. Histoire, principes, mécanismes, applications, règlements, tarifs, etc., par PAUL LAURENCIN. — Un volume in-18, 500 pages, avec 150 gravures. Relié toile.... **3 50**

Le Microscope. — Théorie et applications; traité illustré traduit d'après HAGER, par PLANCHON et HUGOUNENQ, avec introduction par M. PLANCHON, *directeur du Jardin botanique de Montpellier.* — Un volume orné de 350 vignettes. Relié......... **4 »**

Les Bois indigènes et étrangers. — Leurs Physiologie, Culture, Production, Qualités, Défauts, Industrie, Commerce, Statistique, etc., par MM. A.-E. DUPONT, *ingénieur des Constructions navales,* et BOUQUET DE LA GRYE, *conservateur des forêts.* — Un beau volume in-8, 500 pages ornées de 162 gravures représentant des échantillons de bois, machines, outils, etc. Prix............ **12 »**

Traité de Sylviculture. - Résumé complet des règles de la culture des forêts, par A. BOUQUET DE LA GRYE, *conservateur des forêts.* — 8ᵉ édition. — Un volume, avec 70 gravures... **2 50**

Manuel de Cubage et d'estimation des bois en futaies, taillis, arbres abattus ou sur pied. Notions pratiques sur le débit, la vente et la fabrication de tous les produits des forêts, tarif de cubage des bois en grume ou équarris. Table de conversion, par A. GOURSAUD, *Inspecteur des forêts.* — 4ᵉ édition. — Un vol. in-18 relié... **1 50**

L'Art de Planter. — Traité pratique sur l'art d'élever en pépinière et de planter à demeure tous les arbres forestiers, fruitiers et d'agrément, par L. GOUËT, *directeur de l'établissement d'arboriculture aux Barres.* 3ᵉ édition. — Un volume, relié avec 10 vignettes............ **3 50**

La Culture maraîchère. — Traité pratique, par A. DUMAS, *professeur d'horticulture.* 4ᵉ édition. — Un volume orné de 180 gravures. **3 50**

Les Orchidées. — Leur Botanique, classification, géographie, collections, culture, maladies, emploi, description, avec une revue détaillée de toutes les espèces cultivées en Europe, par E. de PUYDT. — Un volume avec 242 vignettes et 50 chromos, 30 fr. ; relié. Prix................... **35 »**

Les Plantes alpines. — Leur Station, culture, emploi, description des espèces indigènes et exotiques les plus remarquables, par B. VERLOT, *chef de l'école botanique du Muséum.* — Un volume avec 50 chromotypographies et 78 gravures sur bois. 2ᵉ édition, 30 fr. ; relié............. **35 »**

Les Fougères et les Selaginelles. — Choix des plus remarquables pour la décoration des serres, parcs, jardins et salons, avec histoire botanique, pittoresque et horticole, par A. RIVIÈRE, E. ANDRÉ, E. ROZE. Deux forts volumes in-8. 60 fr. ; reliés. **70 »**

Les Palmiers. — Histoire iconographique, géographie, paléontologie, botanique, description, emploi, culture, etc., avec index général des noms et synonymes des espèces connues, par OSWALD DE KERCHOVE DE DENTERGHEM. — Un volume grand in-8, avec 228 gravures et 40 chromolithographies. Prix, 30 fr. ; relié.... **35 »**

Les Plantes à Feuillage coloré. — Recueil des plus remarquables servant à la décoration des parcs et des jardins, des serres et des appartements ; précédé d'une introduction générale sur la couleur du feuillage, par CHARLES NAUDIN, *membre de l'Institut.* Deux volumes in-8, avec 120 chromotypographies et 120 vignettes. 4ᵉ édition. Prix des deux volumes, 60 fr. ; reliés................... **70 »**

J. Rothschild, Éditeur, 13, Rue des Saints-Pères, Paris

Les Maladies des Plantes cultivées, des arbres fruitiers et forestiers, occasionnées par le sol, l'atmosphère, les parasites, etc., d'après Tulasne, Bary, Berkeley, Hartig, Sorauer, etc., par M. A. d'Arbois de Jubainville, sous-inspecteur des forêts, et J. Vesque, préparateur au Muséum et à l'Institut agricole. — Un volume, avec 48 vignettes et 7 planches en couleurs............... **4 »**

Les Ravageurs des Vergers et des vignes. — Histoire naturelle, mœurs, dégâts, moyens de les combattre avec une étude sur le Phylloxéra, par H. de la Blanchère. — Un volume in-18, orné de 100 vig........ **3 50**

Les Oiseaux utiles et nuisibles aux champs, jardins, forêts, plantations, vignes, par H. de la Blanchère. 3ᵉ édition, revue et augmentée. — Un volume, avec 150 vignettes, relié toile, tranches rouges........ **4 »**

Musée ornithologique d'Europe. — Description et figures des Oiseaux d'Europe, de leurs œufs et nids, par O. Des Murs. Ouvrage de luxe, grand in-8, avec 345 chromos. Il formera 5 vol., avec environ 800 pages de texte. — Tome I, *Les Oiseaux d'Eau*. — Tome II, *Les Oiseaux de Rivage et les Gallinacées*. — Tome III, *Les Pigeons et les Oiseaux des champs et des bois y compris les Corbeaux, les Pies et les Geais*. — Tome IV, en 2 volumes, *Les Oiseaux de Proie*. — Prix de souscription pour l'ouvrage complet, 180 fr. — On paie au fur et à mesure de la réception des volumes.

Les Oiseaux de Chasse (le Gibier Plume). — Leur description, mœurs, Acclimatation, Chasse, par le Marquis de Cherville. 2ᵉ édition, revue et augmentée de 4 chromos et d'une introduction générale sur le Fusil. Superbe volume imprimé avec luxe sur papier teinté, avec 34 chromotypographies et 64 vignettes, par E. de Liphart, sous couverture de luxe japonaise maroquinée, 12 fr. — Relié, 15 fr. Les deux volumes (*le Gibier Plume* et *le Gibier Poil*) se vendent, pris ensemble, brochés, 20 fr. — Reliés............... **24 »**

Les Quadrupèdes de la Chasse (le Gibier Poil). — Leur description, Mœurs, Acclimatation, Chasse ; avec un précis illustré du **Chien courant**, par le Marquis G. de Cherville. Superbe pendant à l'ouvrage ci-dessus. Belle publication sur papier teinté, avec 30 eaux-fortes sur zinc en couleur, et 70 vignettes dessinées par Karl Bodmer. Sous couverture de luxe japonaise maroquinée, broché, 12 fr., relié, 15 fr. Les deux volumes (*Le gibier plume* et *Le gibier poil*) se vendent, pris ensemble, brochés, 20 fr. ; reliés............ **24 »**

Nouveau Carnet de Chasse illustré, augmenté du Manuel du jeune chasseur au chien d'arrêt. — Méthode sûre et prompte pour faire rapporter un chien d'arrêt à terre et à eau, manière de le conduire, moyen de devenir bon tireur, conseils à un jeune chasseur, par M. Chatin. — 3ᵉ édition, ornée de 37 vignettes............... **1 »**

Le Chien. — Traité pratique et illustré contenant : Description des races, Croisements, Élevage, Dressage, Maladies et leur traitement, d'après Stonehenge, Youatt, Bouley, Hamilton-Smith. 2ᵉ édition. — Un volume, avec 420 vignettes, sur papier teinté. Prix, relié toile grise à biseaux, avec fers spéciaux, tranches en couleur. **5 »**

Les Animaux des Forêts, mammifères et oiseaux. — Zoologie pratique au point de vue de la chasse et de la sylviculture. — Histoire naturelle, chasse à courre, chasse à tir, entretien, conservation, reproduction. 2ᵉ édition, par R. Cabarrus, sous-

J. Rothschild, Éditeur, 13, Rue des Saints-Pères, Paris

inspecteur des forêts. — Un volume avec 84 gravures, relié..... **2 50**

Guide du Chasseur devant la Loi. — Recueil des lois, ordonnances et circulaires ministérielles, avec les dispositifs, par ordre alphabétique, de toutes les décisions rendues en matière de chasse, depuis le 3 mai 1815 jusqu'à ce jour, par F. TECHENEY. — Un volume in-18 relié...... **2 50**

Les Ravageurs des Forêts et des Arbres d'alignement. — Histoire naturelle, Mœurs, Dégâts des insectes, Moyens de les combattre et de restaurer les plantations, par H. DE LA BLANCHÈRE et par EUG. ROBERT, inspecteur des plantations de Paris. 5ᵉ édition. — Un volume, avec 102 gravures. Prix, relié....... **3 50**

Les Poissons d'Eau douce et de Mer. — Synonymie, Description, Mœurs, Frai, Pêche, Iconographie des espèces composant plus particulièrement la Faune d'Europe, par H. GERVAIS et R. BOULART, aides-naturalistes au *Muséum*, avec une introduction, par PAUL GERVAIS, *membre de l'Institut, professeur au Muséum.* - Trois volumes grand in-8, avec 850 pages de texte, 130 vignettes et 200 splendides chromotypographies.

CHAQUE VOLUME SE VEND SÉPARÉMENT :

Tome I, *Les Poissons d'Eau douce.* Prix : 30 fr. ; relié, 35 fr. — Tome II, *Les Poissons de Mer* (1ʳᵉ partie). Prix : 45 fr. ; relié 50 fr. — Tome III, *Les Poissons de Mer* (2ᵉ partie). Prix : 45 fr. ; relié, 50 fr.

La Pisciculture fluviale et maritime en France, par JULES PIZZETTA et M. DE BON. — Description des Poissons, Pêche, Lois, Repeuplement des Rivières, Elevage des Poissons, des Ecrevisses et des Sangsues. — Suivie d'un Traité sur l'*Ostréiculture* en France. — Un volume de 500 pages, 212 gravures, relié........ **4 »**

Musée entomologique illustré. — Histoire iconographique en 3 volumes, publiée par une réunion d'Entomologistes français et étrangers, avec 122 chromolithographies retouchées à la main, 1030 vignettes, représentant en couleur les Insectes, Chenilles, Chrysalides, Métamorphoses, les Plantes dont ils vivent, et leur organisation, mœurs, chasse et classification.

CHAQUE VOLUME SE VEND SÉPARÉMENT.

Les Coléoptères. — Description générale suivie d'une histoire naturelle des Coléoptères d'Europe. — Un vol. in-4, avec 44 planches en couleur et 335 vignettes. 30 fr. ; Relié **35 »**

Les Papillons. — Description générale, suivie d'une histoire iconographique des Lépidoptères d'Europe, par A. DEPUISET, 2ᵉ édition. — Un volume in-4, avec 50 planches en couleur et 200 vignettes. 30 fr. ; Relié **35 »**

Les Insectes. — Histoire naturelle des Névroptères (Libellules, Ephémères, Friganes, etc.) ; des Hyménoptères (Abeilles, Guêpes, Fourmis, Ichneumons) ; des Hémiptères (Punaises, Cigales, Pucerons, etc.) ; des Diptères (Mouches, Cousins, Oestres, etc.) ; des Aptères (Lépismes, Podures, Puces, Poux). — Un volume in-4, orné de 24 planches en couleur et de 460 vignettes. 30 fr. ; Relié **35 »**

Les Papillons de France. — Histoire naturelle, Mœurs, Chasse, Préparation des Papillons, Indications pour former des collections, etc. — Un volume grand in-8, orné de 110 vignettes et accompagné de 19 chromolithographies 7 fr. ; dans une reliure de luxe..................... **10 »**

Le Cheval et son Cavalier. — Traité d'hippologie et d'équitation. École

J. Rothschild, Éditeur, 13, Rue des Saints-Pères, Paris

pratique pour la Connaissance, la Conservation et l'Amélioration du cheval de course, de chasse et de guerre, par le Comte de LAGONDIE. 3ᵉ édition. — Un fort volume imprimé sur papier teinté, avec nombreuses vignettes. Prix avec reliure de luxe en toile, tranches en couleur.......... **7 50**

Comment il faut choisir un Cheval. — Connaissances pratiques sur l'Anatomie, l'Extérieur, les Races ; principes pour essayer les chevaux de Selle et d'Attelage, par le Comte DE MONTIGNY, ancien inspecteur général des haras. — Un volume orné de 130 vignettes, imprimé sur ce papier teinté. Relié en toile grise, avec luxe, à biseaux, avec fers en noir et or, tranches en couleur.......... **5 «**

Les Hommes de Cheval depuis Baucher. — Les grands Maîtres, les Écuyers, les Écuyers de cirque, les Hommes de cheval, les Cavaliers, Steeple-chasers, par le Baron DE VAUX. Préface par le colonel GUÉRIN. Superbe volume gr. in-8, avec 30 portraits et environ 120 illustrations, par Barillet, Berne-Bellecour, J. Lewis Brown, Chaperon, Comte de Clermont-Gallerande, de Condamy, Cotlisson, Cousturier, Léon Couturier, Crafty, Delort, Desmoulins, Detaille, Gélibert, Genillaud, Grandjean, Jazet, Jeanniot, Le Nail, de Liphart, Lunel, Majou, Merwaert, Gustave Parquet, Aimé Perret, Princeteau, Ralli, Regamey, Rochegrosse, Stevens, Princesse Terka Jablowska, Uzès Yvon. (Sous presse, pour paraître en novembre 1885.)

La Vie antique. — MANUEL ILLUSTRÉ D'ARCHÉOLOGIE. — GRÈCE ET ROME. Culte, Architecture publique et privée, Lieux publics, Mobilier, Costume, La vie, Éducation, Instruction, Jeux, Armes, Mœurs, Repas, Mort, Funérailles, Usages, etc. des Grecs et des Romains. — Avec une introduction par ALBERT DUMONT, *membre de l'Institut, directeur honoraire des Écoles françaises d'Athènes et de Rome.* Traduction d'après GUHL et KONER, par TRAWINSKI, *sous-chef au Ministère des Beaux-Arts.* Revu et annoté par O. RIEMANN, *maître de conférences à l'École normale supérieure.*

1ʳᵉ PARTIE : **La Grèce.** — Un vol. in-8 de 460 pages, avec 559 grav. Prix.................. **10 »**
Relié en toile, avec ornements en or, rouge et noir sur les plats.. **12 »**

2ᵐᵉ PARTIE : **Rome.** — Un vol. in-8 de 518 pages, avec 530 grav. Prix : 10 fr. Relié en toile.. **12 »**

Les deux parties prises ensemble, broché 15 fr.; relié en un volume toile, avec fers spéciaux, 20 fr.; en 2 vol. séparés................. **21 »**
En un seul volume, veau fauve, à coins, dorure Pasdeloup..... **22 »**
En 2 vol. séparés.......... **24 »**

Les Dieux antiques. Mythologie illustrée des Grecs, des Latins et de la race Ariaque, d'après Cox et les travaux de la Science moderne, par S. MALLARMÉ, *professeur au Lycée Fontanes.* Ouvrage orné de 260 gravures sur bois, reproduisant des Statues, Bas-reliefs, Médailles et Camées. — Un vol. in-8, imprimé avec luxe sur papier teinté. Prix : 7 fr.; relié, avec ornements sur les plats. **10 »**

www.ingramcontent.com/pod-product-compliance
Lightning Source LLC
Chambersburg PA
CBHW050347170426
43200CB00009BA/1772